Henry CLÉMENT

# L'ARRESTATION

## DE LA

# DUCHESSE DE BERRY

### D'après des Documents inédits

Extrait de *LA REVUE FORÉZIENNE*

PARIS

ANCIENNE LIBRAIRIE THORIN & FILS

ALBERT FONTEMOING, ÉDITEUR

Libraire des Ecoles françaises d'Athènes et de Rome,
du Collège de France, de l'Ecole Normale supérieure et de la Société
des Etudes historiques

4, RUE LE GOFF, 4

Henry CLÉMENT

# L'ARRESTATION

## DE LA

# DUCHESSE DE BERRY

### D'après des Documents inédits

*Extrait de LA REVUE FORÉZIENNE*

PARIS

ANCIENNE LIBRAIRIE THORIN & FILS

ALBERT FONTEMOING, ÉDITEUR

Libraire des Ecoles françaises d'Athènes et de Rome,
du Collège de France, de l'Ecole Normale supérieure et de la Société
des Etudes historiques

4, RUE LE GOFF, 4

# L'ARRESTATION

## DE LA

# DUCHESSE DE BERRY

## De Nantes à Blaye.

### I

Le 9 juin 1832, la Duchesse de Berry, venant du village de la Haute-Menantie, arrivait à Nantes après une course de trois ou quatre lieues, déguisée en paysanne, avec une seule compagne de route, M^lle Eulalie de Kersabieck.

Ses partisans venaient d'être défaits au combat du Chêne ; ils étaient maintenant en fuite ou en prison. Mais elle ne se décourageait pas et croyait toujours en l'étoile de son fils. Aussi arrivait-elle, malgré la défaite, au milieu de ses fidèles amis pour leur donner de l'ardeur et organiser la lutte contre le gouvernement de Louis-Philippe.

« La Révolution a raison de me craindre encore, disait-« elle. Robert Bruce ne monta sur le trône qu'après avoir été « vaincu sept fois. J'aurai autant de constance que lui. »

Sans doute, on ne saurait approuver un prétendant qui tente de reconquérir son trône les armes à la main. S'il est un acte impie, c'est bien le fait de celui qui ne craint pas de livrer son pays aux horreurs de la guerre civile pour reprendre des droits qui lui sont contestés. Faire triompher une opinion, une doctrine politique par la violence, c'est faire remonter l'humanité jusqu'aux temps barbares et remplacer la loi par la force. Aussi, pour notre part, apprécions-nous fort peu les exploits plus ou moins heureux des aventuriers politiques qui tentent d'édifier un trône ou de fonder un gouvernement à coups de fusil, pas plus que les faits et gestes de ceux qui tentent de les détruire au moyen de l'émeute. La Providence seule est maîtresse de répartir l'autorité suivant ses éternels desseins et nul n'a le droit de lui forcer la main et de substituer des moyens violents à son action dans le monde.

Doit-on envisager ainsi la tentative, — l'équipée pourrait-on dire, — de la Duchesse de Berry en faveur de son fils ? Non, assurément, et pour bien des motifs.

Marie-Caroline n'a pas voulu conquérir un trône pour elle-même. Son mariage morganatique avec le comte de Lucchesi-Palli lui interdisait de semblables espérances et, si elle a agi, si elle a soulevé la Bretagne et la Vendée, si elle a lutté contre tout espoir, c'était pour son fils, pour empêcher de prescrire des droits en lesquels elle avait une foi profonde.

Et, dans tous les cas, ne serait-on pas disposé à excuser une entreprise dans laquelle tous les serviteurs de la monarchie traditionnelle s'étaient jetés avec une ardeur si noble et si dévouée ? La Duchesse n'avait pas eu besoin de faire appel à ses partisans ; ils étaient accourus, prêts à triompher ou à mourir à ses côtés pour la cause à laquelle ils donnaient généreusement leur fortune et leur vie, comme leurs aïeux l'avaient fait depuis tant de siècles pour les ancêtres d'Henri V. Devant ces dévouements, cette vaillance et cet esprit de sacrifice, le cœur d'une femme, l'âme d'une mère pouvaient-ils hésiter ? Tant de violences avaient voilé en France la statue de la Justice depuis quarante ans, tant de trônes avaient été renversés, tant de nobles et pures victimes avaient payé de leur tête la fidélité à leur foi politique, qu'une revanche pouvait paraître légitime et que la mère du Roi n'avait pas à se montrer bien scrupuleuse sur le choix des moyens. Le débarquement de l'île d'Elbe et le triomphal voyage de Napoléon à travers la France et au milieu de ses vieux braves accourus pour le défendre n'étaient-ils pas un encouragement puissant pour ceux qui pensaient à des entreprises nouvelles ? Et, de fait, si une collision s'était produite entre les partisans de l'Empereur et les troupes envoyées contre eux, si la victoire n'avait été, pour ainsi dire, spontanée, le grand vaincu de Waterloo, le martyr de Sainte-Hélène n'aurait-il pas été considéré par l'histoire comme un insurgé, comme un factieux incorrigible ?

Enfin, le voyage que la Duchesse avait fait en Bretagne dans le cours de l'année 1828, les acclamations dont elle avait été l'objet, l'enthousiasme de toutes les classes de la population, étaient bien capables de lui donner confiance dans une entreprise qui allait rendre un trône à son fils et la France à son Roi.

Du reste, un important mouvement d'opinion se dessinait, non seulement dans l'ouest, mais dans le midi de la France ; des appels circulaient à travers les provinces, des chansons étaient distribuées et se chantaient dans les plus humbles bourgades :

Pour nous, Henri V et sa mère
Déroulent leur blanche bannière;
Caroline, dans nos combats,
Elle-même guide nos pas.
Suivons cette jeune héroïne !
Vaincre ou mourir pour Caroline !
Pressez-vous, nombreux combattants,
Fils du Midi, serrons nos rangs !

Et voilà pourquoi la Duchesse de Berry se jette presque seule dans une mêlée où se complait son esprit chevaleresque et généreux. Voilà pourquoi elle arrive à Nantes, proscrite, hors la loi, les pieds nus, avec des habits de paysanne ; voilà pourquoi elle ne craint pas d'aborder une région qui vient d'être mise en état de siège à cause d'elle.

Elle se rend tout d'abord dans la maison de la famille de Kersabieck, près de la Cathédrale, où elle demeure jusqu'au 14 juin dans la compagnie de M<sup>lles</sup> Stylite et Eulalie de Kersabieck, du comte de Mesnars, de M<sup>me</sup> de Charette et de M. de Brissac ; puis, traquée, poursuivie, désireuse de ne pas compromettre ses amis, elle se réfugie chez les demoiselles Pauline et Marie-Louise du Guiny qui vont l'entourer d'un admirable dévouement ; elle sera servie avec un attachement touchant par les deux servantes de la maison, Marie Bossy et Charlotte Moreau.

La maison du Guiny avait été construite au XVII<sup>e</sup> siècle ; elle était et est encore située rue Haute-du-Château et comprenait trois étages. La Duchesse fut logée dans une mansarde qui prenait vue sur la cour et dans la cheminée de laquelle se trouvait une cachette dont nous aurons à nous occuper plus tard et qui jouera un rôle important dans l'histoire de son arrestation.

Dans ce réduit, elle reçut plusieurs visites importantes et notamment celle de M. de Charette qui venait de se rendre compte, en parcourant la Bretagne et la Vendée, de l'inutilité de l'entreprise que tentait la Duchesse. Il l'engagea vivement à se mettre à l'abri, à quitter la France par mer, afin de ne pas attirer sur ses partisans la colère de Louis-Philippe. Elle refusa et continua à rester en correspondance avec les cours d'Europe sur qui elle comptait, avec les chefs du parti royaliste dont elle réchauffait sans cesse le zèle et le dévouement. Ceux-ci lui répondaient en lui conseillant de rester encore en Bretagne et d'y attendre les événements qui semblaient devoir favoriser ses espérances. Tel est le sentiment que nous voyons exprimé très nettement dans les *Mémoires* du comte de Mesnars, un des plus admirables et des plus dévoués parmi ceux qui ont entouré et secondé la Duchesse jusqu'au jour de son arrestation. « Madame, dit M. de Mesnars, croit à la possibilité « d'une guerre étrangère. L'Europe est en armes ; la question « belge peut produire une guerre européenne. Dans « un cas comme dans l'autre, la princesse se flatte de l'idée « qu'elle pourrait se mettre à la tête des habitants de l'Ouest « et soustraire ce pays, qu'elle aime du fond de son cœur, « aux désastres qu'entraîne l'anarchie. Madame a la noble « conviction qu'elle peut éviter de grands malheurs à la « France si la guerre éclate, si les étrangers tentent une « nouvelle invasion. Cette pensée fut toute sa force, tout « son courage, et c'est pourquoi elle veut rester... Elle n'a « qu'un but : s'interposer entre les armées au nom de son « fils et le rendre médiateur. Elle repousse de toutes ses « forces la possibilité de se faire seconder par les étrangers. « On ne sait pas assez tout ce qu'il y a de français dans

« l'âme de cette auguste princesse, et combien l'hon-
« neur de la France lui tient à cœur. Nous en jugeons
« ici par l'immensité des sacrifices qu'elle s'impose dans
« l'unique espérance d'être secourable à la nation au milieu
« de laquelle on l'a pourtant proscrite, elle et tous les
« siens (1). »

La situation de la Duchesse de Berry inquiétait au plus haut degré le gouvernement. Toute la France s'intéressait à l'odyssée de cette courageuse femme qui, seule et sans ressources, mettait en péril le trône de Louis-Philippe. Nulle part, on ne savait ce qu'elle était devenue ; les journaux de l'opposition bonapartiste et républicaine accusaient le ministère de connaître sa retraite et de ne pas vouloir la faire arrêter, soit à cause de sa parenté avec la famille royale, soit pour éviter des complications parlementaires. Dans le pays, on ne parlait que d'elle ; les uns la croyaient morte, les autres prétendaient qu'on l'avait enfermée dans une impénétrable prison, d'autres disaient qu'elle avait pu s'enfuir à l'étranger. Le gouvernement n'avait pas d'indication bien précise sur sa résidence ; il savait qu'elle avait séjourné à Nantes, mais personne n'avait pu trouver le lieu exact de sa retraite.

Dès le 3 juin 1832, le comte de Montalivet, ministre de l'intérieur, avait donné l'ordre à un commissaire de police de Paris, nommé Louis Joly, de se rendre à Nantes, accompagné d'agents de la sûreté, et l'avait investi de pouvoirs illimités pour arriver à découvrir la Duchesse de Berry et procéder à son arrestation.

---

(1) Voy. les *Souvenirs intimes* du comte de MESNARS. Nous avons emprunté cette citation à l'intéressant ouvrage de M. Imbert de SAINT-AMAND, *La captivité de la duchesse de Berry*, un vol. in-12, chez Dentu, 1895, que nous avons consulté avec fruit pour la rédaction de ce travail.

Joly est le commissaire de police qui arrêta Louvel après l'assassinat du duc de Berry ; il a été, plus tard, chef de la police municipale de Paris, en 1842, alors que Gabriel Delessert était préfet de police. On a retrouvé dans ses papiers plusieurs rapports à l'administration supérieure au sujet de l'importante mission qui lui avait été confiée par M. de Montalivet et ensuite par M. Thiers. C'est d'après ces documents inédits que nous allons retracer les péripéties de l'arrestation de la Duchesse et de son emprisonnement au château de Blaye (1). Ce travail présentera, pensons-nous, un véritable intérêt, à cause des détails qu'il donne sur un événement historique important et qui n'a pas encore été présenté sous son jour véritable.

Joly quitta Paris le 3 juin, à dix heures du soir et, le 5 à midi, il était à Nantes, en mesure d'agir, car dès son arrivée, c'est-à-dire dès la matinée, il s'était entendu avec les autorités civiles et militaires qui avaient déjà déployé une grande activité et agi avec un tel zèle qu'il ne resta plus à l'envoyé de la police qu'à ajouter aux mesures déjà prises des investigations secrètes (2).

Les autorités militaires s'étaient surtout occupées d'écraser l'insurrection de la Vendée. La recherche de la duchesse de Berry était bien donnée en consigne dans les mouvements effectués par les troupes de la garde nationale ; mais elle n'en était pas encore l'objet spécial. Joly rend témoignage au dévouement et au patriotisme déployés par ces

---

(1) Voici le titre du manuscrit dans lequel Joly a réuni ses rapports et dont nous devons la communication à un de ses parents : *Relation de l'arrestation à Nantes de madame la duchesse de Berry et des principales circonstances de cette arrestation, opérée le 7 novembre 1833, par M. Joly, commissaire spécial de police, attaché au Ministère de l'Intérieur, et ses agents.*

(2) Rapport à M. de Montalivet, du 3 juin 1832.

troupes qui exécutaient avec le plus grand zèle les ordres de l'autorité militaire et qui affrontaient avec courage les fatigues et les dangers auxquels les exposaient des excursions poussées parfois jusqu'aux confins du département de la Loire-Inférieure.

La police locale de Nantes, dirigée par un commissaire central, avait besoin d'une organisation nouvelle, surtout en vue de surveiller de près tous les individus étrangers ou personnages connus dans le pays, qui entraient à Nantes, y séjournaient et en sortaient, principalement ceux qui venaient des endroits signalés et suspectés ou qui s'y rendaient. Joly organisa donc tout d'abord ce service, grâce auquel il obtint des renseignements utiles, sinon très précis. En même temps, la troupe fouillait les châteaux soupçonnés ainsi que les métairies qui en dépendaient, mais elle procédait, dit Joly, avec une confusion complète et des procédés absolument illégaux ; aussi, ces opérations ne produisirent-elles aucun résultat. Quelque temps après, quand on dut exécuter l'ordre de désarmement des communes, ces visites domiciliaires furent présidées par un officier municipal qui en assurait la légalité, protégeait les propriétés et diminuait le caractère odieux de semblables tracasseries.

A ces opérations, Joly ajouta des investigations secrètes, particulièrement au moyen du service de la douane pour lequel il recevait des renseignements quotidiens, soit du Préfet, soit du lieutenant-général Solignac, à charge par lui de rendre compte de ses observations à ces deux fonctionnaires. Mais, dit-il, le personnel des douanes et du commissariat général de la marine était connu pour avoir des idées politiques « tout au moins fort équivoques », et il dut compléter ce service par l'organisation d'une police secrète plus sûre. Ecoutons-le faire son éloge avec une suffisance qui est presque de la naïveté : « J'ai donc dû « appuyer ces investigations d'ensemble, de toutes celles « que le génie d'un homme de police peut lui suggérer : « déguisements, argent, agens locaux, guides, profit d'in- « discrétions officieuses, marches et contre-marches de « nuit faites d'après les données, le lendemain d'une explo- « ration dans les cantons visités auxquels le départ récent « des troupes pouvait donner la sécurité, tout, dis-je, ce « qui est humainement possible a été employé pendant le « séjour que j'ai fait dans le département de la Loire- « Inférieure (1). »

Déjà, avant l'arrivée de Joly, des renforts de troupe avaient été ajoutés aux garnisons locales. Ils étaient en pleine activité et, toutes les nuits, des détachements de quatre à cinq cents hommes sortaient de Nantes et se diri- geaient sur les points signalés ; ces troupes fondaient à l'improviste, dès la première heure du jour, sur les com- munes ou dans les parages désignés à leur exploration.

Mais, en somme, toutes ces mesures avaient abouti à de minces résultats et on perdait l'espoir d'arrêter la Duchesse autrement que par une rencontre due au hasard ou par une révélation fournie par un agent du parti royaliste qui se serait fait acheter. Cela était d'autant plus vrai que si l'en- tente et l'accord n'avaient pas cessé de régner entre les diverses autorités et les agents chargés du service de la ville de Nantes, les choses ne marchèrent plus aussi bien à l'arrivée du général Bonet, non pas, dit Joly, « que je

_______________

(1) Page 3 du manuscrit de Joly.

« veuille en accuser personnellement ce vétéran des braves,
« mais l'opinion ou un préjugé presque général le repous-
« sait en ce moment. La garde nationale, si zélée aupa-
« ravant, avait annoncé à son colonel son refus de service
« pendant la présence à Nantes de ce général. Des vivats
« pour le général Solignac, des sifflets pour le général
« Bonet, une émeute; voilà jusqu'au jour de mon départ,
« les conséquences de l'arrivée au moins intempestive de
« ce lieutenant-général. De plus, indiscipline, insubordi-
« nation, indiscrétion de la part de plusieurs officiers ;
« dégoût dans les autorités civiles, joie parmi les ennemis
« du gouvernement, espoir dans les chouans, une haine
« mortelle entre deux généraux qui rejaillit sur la personne
« même de Monsieur le Maréchal, Ministre de la guerre,
« voilà ce qui a découlé de cette rupture (1). »


## II


Le 22 septembre 1832, Joly procéda à l'arrestation de M.
Henry de Puiseux. Celui-ci, aide de camp de Charette, était
depuis peu arrivé de Paris et se cachait à Nantes ou dans
les environs. On mit à sa recherche un agent local qui
découvrit bientôt que M. de Puiseux se rendait souvent et

---

(1) Il s'agit du maréchal Soult. Nous verrons plusieurs fois, au cours de
ce récit, que Joly, en policier jaloux qu'il est, montre de la mauvaise
humeur dès qu'une autorité quelconque, civile ou militaire, vient se mettre
en travers de ses projets et de ses entreprises. Ce sentiment doit être
celui qui le rend si agressif à l'encontre du lieutenant-général Bonet.
(Page 5 du manuscrit de Joly.)

de nuit dans une maison située rue Royale, près de la Préfecture. L'espion s'y ménagea un rendez-vous avec Henry de Puiseux et, après une longue conversation politique, ils convinrent qu'à l'avenir, s'ils avaient quelque chose d'important à se communiquer, ils s'écriraient avec de l'encre sympathique et se réuniraient de nuit chez leur ami commun, M. Petit, étudiant en médecine, qui demeurait à Nantes, quai Barbin. On fabriqua donc une lettre à l'encre sympathique et on l'adressa à Henry de Puiseux chez M. de Castelnau, rue Royale, un des chefs du parti légitimiste. Dans cette lettre, on lui apprenait qu'un nommé Terrien, dit Cœur-de-Lion, chef des Chouans, était parvenu à rassembler dans les environs de Nantes, ou, du moins, tenait à sa disposition de douze à quinze cents hommes avec lesquels il pourrait opérer un mouvement, mais qu'il avait cru prudent d'attendre, avant d'agir, des ordres supérieurs et des instructions suffisantes ; il pensait donc ne pouvoir mieux faire que de s'adresser dans ce but au brave Henry auquel il donnait rendez-vous pour le lendemain chez Petit. Il l'avertissait, en outre que, par prudence, lui, Cœur-de-Lion, ne se rendrait pas en personne au point convenu, mais qu'il y enverrait à sa place une personne sûre, un second lui-même. Henry de Puiseux, plein de cette imprudente confiance qui semble avoir été l'apanage de tous les chefs du parti royaliste et de la Duchesse elle-même, s'y rendit à l'heure indiquée et fut immédiatement arrêté. Il fut de suite fouillé et désarmé d'un pistolet chargé et d'une canne à épée. On trouva sur lui une sorte de plan de campagne tracé au crayon qu'on envoya au gouvernement avec une lettre et des notes qui furent saisies dans un petit agenda dont il était porteur.

Procès-verbal fut dressé par le commissaire de police Martin, de l'arrestation d'Henry de Puiseux qui fut écroué, le soir même, à la prison neuve de Nantes d'où il parvint à s'évader quelques semaines plus tard (1).

On voit déjà s'épanouir l'espionnage dès le premier pas de cette campagne de la police dans les environs de Nantes. Il y a toujours eu des traîtres, tant est grande la puissance de l'or sur les âmes viles, mais il faut avouer qu'on ne vit jamais une pareille éclosion de marchés honteux et de basses délations. A chaque pas, la police de M. Thiers se rencontre avec un mouchard et, l'inépuisable candeur des royalistes aidant, c'est par ce moyen déloyal mais pratique que la lutte du gouvernement contre le soulèvement de l'Ouest va désormais être facilement menée à bonne fin.

A la suite de l'arrestation d'Henry de Puiseux, qui avait réussi sans coup férir, Joly s'occupa sans désemparer de s'assurer de la personne de M. Edouard de Kersabieck, dont la présence venait d'être indiquée par un révélateur, — lisez par un espion. Joly se concerta avec le préfet et le général comte d'Erlon pour que des troupes fussent immédiatement envoyées sur les lieux. En effet, quarante grenadiers du 56e régiment, commandés par un lieutenant, et quinze gendarmes déguisés partirent le même soir à onze heures pour se rendre au domicile de M. de Kersabieck qui se trouvait au château de la Marionière, commune de Pont-Saint-Martin, distant de quatre ou cinq lieues de Nantes. Il s'agissait d'investir un enclos d'une assez grande superficie qui entourait la maison; on avait donc pensé qu'un nombre d'hommes relativement considérable était nécessaire pour

---

(1) Rapport à M. de Montalivet, du 23 septembre 1832, page 5 du manuscrit

cette expédition. Toutes les mesures prises de concert entre l'autorité supérieure et Joly auraient dû assurer, au dire de celui-ci, le succès de cette expédition qui était conduite par le commissaire central accompagné par le révélateur. L'obscurité de la nuit protégeait la marche de la troupe de soldats qui se trouvaient sous la direction immédiate de M. Amalry, d'un commissaire de police de Nantes, M. Emery, et d'un sieur Dubois, employé de Joly. Seuls, les chiens du château troublèrent de leurs aboiements le silence de la nuit ; à mesure que la troupe avançait, ils devenaient furieux et aboyaient plus fort. « Cette circons-
« tance, impossible à éviter, dit Joly, exigeait donc la
« brusque et prompte escalade des murs que proposa l'agent
« Dubois ; mais son opinion ne prévalut pas sur celle du
« commissaire central et du commissaire Emery. Il était
« alors deux heures trois quarts du matin. Le bruit des
« chiens avait donné l'alarme dans la maison où les lumiè-
« res allaient et venaient, ce qui donna la conviction qu'on
« avait été entendu. L'escalade devenait donc des plus
« impérieuses, mais on ne put l'effectuer, parce que M. le
« commissaire central, qui s'était chargé de se pourvoir
« d'échelles de cordes, les avait oubliées à Nantes, et qu'il
« n'y avait pas moyen de s'en procurer d'autres, à cause de
« l'isolement de la maison. On se borna donc à investir la
« maison jusqu'au moment où il serait possible d'escalader
« d'une manière quelconque. L'investissement des lieux
« n'ayant pu se faire sur tous les points aussi prompte-
« ment que le cas l'exigeait, il est probable que M. de Ker-
« sabieck profita de cette imprévoyance pour s'évader (1). »

---

1) Rapport du 23 septembre 1832. Page 9 du manuscrit.

Il ne faut pas prendre ce récit à la lettre, sinon pour admettre comme démontré que Joly n'ayant pas été mis à la tête de l'expédition est porté à en juger sévèrement l'organisation et à bien mettre en lumière dans un rapport adressé à M. de Montalivet, ministre de l'intérieur, toutes les fautes commises par un rival qu'on lui a préféré. La critique ne serait sans doute pas aussi acerbe si le chef de l'opération et le rédacteur du rapport étaient la seule et même personne.

Quoiqu'il en soit, ce ne fut qu'à quatre heures du matin, c'est-à-dire après cinq quarts d'heure de siège, qu'un agent parvint, à l'aide de l'exhaussement d'un cheval, à monter sur le mur d'où il aperçut une servante en observation ; il la somma d'ouvrir la porte, la menaçant de l'enfoncer dans le cas contraire. Cette sommation produisit immédiatement son effet, peut-être parce qu'il n'y avait plus d'inconvénient à ouvrir la cage après le départ de l'oiseau, et qu'au contraire la visite du château allait détourner la troupe policière de la piste du fugitif.

La porte roula gravement sur ses gonds et Madame de Kersabieck se présenta devant les visiteurs « avec un air d'assurance peu ordinaire en pareil cas ». Une perquisition générale et minutieuse fut pratiquée dans la maison où l'on ne trouva que quelques papiers insignifiants, sauf une lettre adressée à une dame que l'on supposa être M$^{me}$ la Duchesse de Berry. La perquisition se prolongea inutilement pendant huit heures, sous les regards ironiques de M$^{me}$ de Kersabieck et de ses domestiques qui ne se faisaient pas faute de plaisanter les agents de la troupe et de la police, en disant que les recherches étaient vaines, parce que *Monsieur* n'était pas chez lui et qu'en admettant qu'il y ait été, il n'aurait pas manqué de profiter des aboiements de ses chiens pour s'enfuir (1).

Le révélateur qui ne voulait pas perdre son salaire, assurait de plus en plus qu'il avait vu M. de Kersabieck chez lui la veille ; on continua donc la perquisition. Mais le personnel était exténué par une marche de nuit et douze heures d'un travail fatigant ; les hommes étaient brisés de fatigue et de faim et Joly qui, dans son rapport, veut à tout prix se donner un rôle important, raconte qu'il envoya de Nantes deux commissaires de police et un corps de troupe avec ordre de continuer les recherches jusqu'à ce qu'on ait acquis la certitude que M. de Kersabieck n'était pas réellement chez lui. Un autre détachement reçut l'ordre de relever celui-ci et ainsi de suite, jusqu'à ce que l'autorité ait jugé convenable de faire cesser cette surveillance. Cette décision donne de nouveau l'occasion à notre narrateur de critiquer la façon dont l'expédition avait été conduite. Si l'on a ainsi prolongé la surveillance au-delà des limites raisonnables, c'est, à son avis, parce qu'on adopta l'opinion émise par le commissaire central qui, trop confiant dans la déposition du révélateur, resta persuadé que M. de Kersabieck était caché chez lui. Pourtant, ajoute-t-il, l'état d'ivresse complète dans lequel il se trouvait au moment où il arriva chez le commissaire central aurait pu inspirer à celui-ci quelque défiance relativement à ses assertions. M. Amalry avait pensé de son côté que l'occupation militaire de la maison déterminerait M^me de Kersabieck à déclarer le lieu de la retraite de son mari ; mais cette espérance fut déçue grâce à la fermeté de cette dame.

---

(1) Même rapport du 23 septembre 1832. Page 9 du manuscrit.

En résumé, l'expédition de la Marionière causa beaucoup de fatigue et pas mal de ridicule aux troupes qui y furent employées. Comme résultat pratique, elle permit à la police de saisir sept lettres sans importance (1), sauf celle dont nous avons parlé plus haut et que l'on supposa avoir été adressée à la Duchesse. Nous ne pensons pas qu'elle figure au livre d'or du 56ᵉ régiment d'infanterie et que jamais personne ait eu la pensée d'inscrire le siège de la Marionière sur les plis de son drapeau.

## III

Dans le courant du mois d'octobre 1832, Joly fit une tournée sur les côtes, d'après l'ordre du Préfet et du comte d'Erlon. Cette tournée fut, dit-il, très fatigante et souvent périlleuse, car il dut plusieurs fois prendre la mer dans de frêles embarcations ; elle ne donna aucun résultat appréciable. Grâce à cette inspection, les chefs de poste furent mis au courant de la mission de Joly ; une surveillance plus active des côtes fut organisée et on augmenta l'effectif des garnisons. Joly annonce l'arrivée à Pornic d'une péniche

---

(1) Voici, d'après le rapport de Joly, le détail de ces lettres : Lettre du 4 juin 1832, signée Chauveau ; — Lettre du 14 mai 1832, signée Chauveau ; — Lettre du 1ᵉʳ juin 1832, signée Bastien, contenant des représentations adressées à une dame qu'on présume être Mᵐᵉ la duchesse de Berry : — Lettre du 21 juin, datée de Saint-Mar, signée Cormier ; — Lettre de la même date et du même lieu, signée Cormier ; — Lettre sans suscription ni signature, datée du samedi, deux heures et demie, contenant plusieurs chiffres ; — Lettre datée du lundi soir, sans suscription, date ni signature (Rapport du 23 septembre 1832. Page 11 du manuscrit).

qui devait fortifier le service des navires stationnaires. Il signale la présence en rade de Paimbœuf du navire l'*Africaine* que l'on pensait destiné à enlever la Duchesse de Berry, mais les soupçons diminuent de jour en jour, grâce à la surveillance active qu'il n'a cessé de faire exercer sur le personnel de ce navire, et particulièrement sur le sieur Gillet, son capitaine. « La suspicion qu'il a attirée étant
« devenue publique à Nantes, où rien ne peut rester secret,
« et ayant été personnellement plaisanté à la Bourse par
« plusieurs capitaines sur le projet qu'on lui prête, » il a dû y renoncer. Du reste, Joly trouva le moyen de dîner en tête à tête avec le capitaine Gillet, à Paimbœuf, à l'hôtel Saint-Julien. « C'est, dit-il, un carliste fanatique, outré,
« qui détestait l'Empereur comme il déteste le roi Louis-
« Philippe. C'est un homme entreprenant, tout à fait capa-
« ble de tenter un grand coup, mais il ne me paraît pas en
« mesure de tenter l'enlèvement de la Duchesse de Berry
« et même d'y songer sérieusement quant à présent. Dans
« l'entraînement de la conversation que j'ai eue avec le
« capitaine Gillet et qui a été fort longue, il a cherché à me
« prouver qu'on ne pouvait cacher personne à bord avec
« toute la sûreté désirable qu'en construisant une cache au
« moment de l'arrimage du navire ; que, d'ailleurs, les
« navires étrangers partant de Nantes étant beaucoup
« moins soupçonnés, offraient à la Duchesse une retraite
« plus sûre qu'un navire français ; que, quant à lui, si,
« lorsqu'il fit au mois de juin un voyage à Paris, il eût été
« abouché avec quelqu'un pour cet objet, il l'aurait déjà
« sauvée ou fait sauver, si toutefois il eût reconnu que sa
« fuite fût plus utile au parti que sa présence, ce dont il
« doutait fort encore à ce moment ; qu'enfin, pour ne

« pas en avoir tout à fait le démenti, il faisait construire
« une chaloupe armée, pour la côte d'Afrique, et à laquelle
« il donnerait le nom de *Caroline*, de sorte, a-t-il ajouté,
« que j'aurai Caroline à mon bord (1). »

Le récit de Joly nous montre qu'il était très rassuré sur
les projets du capitaine Gillet et qu'il croyait être maître
des secrets de cet officier. Il nous semble, au contraire,
que celui-ci a joué avec le policier comme un chat avec une
souris et endormi tout doucement son attention sur le rôle
que son navire l'*Africain* pouvait jouer à un moment donné.
Il y réussit à merveille, car nous voyons, par la fin de son
rapport, que Joly est tout à fait confiant dans l'efficacité de
ses manœuvres et que ce n'est que par un reste de scrupule
qu'il veut bien faire encore surveiller l'*Africain* et un autre
navire appartenant au même armateur, le *Brésilien*. Ces
bonnes nouvelles qu'il donne à son chef le consolent des
visites domiciliaires dans des maisons de campagne situées
près de la mer, visites dans lesquelles il accompagna le sous-
préfet de Paimbœuf et qui n'eurent d'autres résultats que
la saisie de quelques armes.

Après cette tournée infructueuse, Joly revint à Nantes
où il reçut une lettre du Ministre de l'Intérieur, qui lui
faisait part des espérances nouvelles que le gouvernement
fondait sur une intrigue nouée par une dame Hamelin avec
un sieur Duchâtel, ex-officier de la Garde Royale, qui
devait livrer la Duchesse moyennant une récompense ou
plutôt un salaire. Bien menée, cette intrigue aurait pu tout
au moins donner des renseignements sur l'endroit de la

---

(1) Rapport du 9 octobre 1832, au Ministre de l'Intérieur. Page 12 du
manuscrit.

retraite de la Duchesse ; mais il aurait fallu, pour arriver à ce résultat, entourer Duchâtel lui-même d'investigations secrètes. Le commissaire central ne voulut pas agir ainsi : se croyant sûr du succès, il ne tenait pas à s'attacher un collaborateur qui en aurait partagé avec lui le mérite et le prix ; il s'en tint aux assertions de M^{me} Hamelin, ne chercha pas à voir Duchâtel, ne surveilla pas ses agissements et finalement aboutit à un échec complet. Duchâtel repoussa la récompense convenue ; il objecta une maladie, des remords, et devint presque l'agent de la Duchesse, au point de proposer des négociations en vue d'obtenir pour elle un sauf-conduit. Il vit peut-être à ce moment Charette ou Bourmont, et arriva à se faire accorder par le Préfet une audience de nuit à laquelle le commissaire central assistait seul. Dans cette audience, il dut profiter des instructions qu'il avait reçues du parti royaliste auquel il avait montré les négociations qui existaient entre le gouvernement et lui, et la promesse qu'on lui avait faite d'une grosse récompense s'il livrait la Duchesse. Il put donc se jouer ainsi tout à son aise de l'imprudence et de l'inexpérience du commissaire et du préfet.

Au surplus, l'administration allait d'une maladresse à l'autre. Ainsi, l'agent Gaillard ayant reconnu à Nantes l'agent royaliste Verneuil, s'empressa de le signaler au commissaire central qui le fit visiter et fouiller. Mais l'opération fut si mal conduite qu'on ne rejoignit Verneuil qu'à neuf heures du soir ; il s'était aperçu qu'on le filait plus de six heures à l'avance, aussi ne trouva-t-on rien d'intéressant sur lui. Il sortait de chez le comte d'Erlon, dont il était le médecin et qui paraissait lui porter beaucoup d'intérêt. Il est à remarquer que Verneuil logeait à Nantes dans le même hôtel que Joly. Cette circonstance permet d'expliquer comment il-fut averti à temps des menées de la police à son égard, car l'hostilité qui existait entre le commissaire central et Joly, l'acrimonie de celui-ci dans ses rapports officiels contre la police en général donnent à croire — ce qui est assez fréquent en pareille matière, — que la mine découverte par la police locale a bien pu être éventée par la jalousie de l'agent de Paris qui se voyait à chaque instant gêné et contrecarré par elle dans ses entreprises. Réussir soi-même dans la mission difficile qui lui était confiée, c'eût été bien; mais voir aboutir d'autres là où il avait échoué lui-même, c'est ce que son ambition et son orgueil professionnels ne pouvaient permettre.

Dans ces conditions, Joly demande avec instance son rappel, convaincu, disait-il, que rien ne serait mené à bien si un grand changement ne s'opérait dans la direction des recherches et si l'on n'obligeait l'administration et la police locale à accepter loyalement le concours et la participation du délégué secret du Ministère de l'Intérieur (1).

# IV

Les choses en étaient là quand fut formé le ministère du 11 octobre, avec le maréchal Soult comme Président, M. Guizot comme ministre de l'Instruction publique, le duc de Broglie comme ministre des affaires étrangères, et

---

(1) Page 15 du manuscrit.

enfin M. Thiers comme ministre de l'Intérieur et de la police.

Celui-ci, adversaire implacable de la Restauration, avait intérêt, au lendemain de la Révolution de 1830, à accentuer la politique du Gouvernement afin de le détacher définitivement du parti légitimiste. Dans ce but, il pensa trouver une excellente occasion en précipitant l'arrestation de la Duchesse de Berry, quels que pussent être les moyens à employer pour y arriver.

On connaît son entrevue la nuit, près du rond-point des Champs-Elysées, avec Deutz, qui venait lui offrir de livrer la Duchesse au Gouvernement moyennant finances. Après bien des pourparlers dans deux rencontres de nuit aux Champs-Elysées, puis dans le cabinet du ministre de l'Intérieur, il fut convenu que Deutz partirait pour Nantes et qu'il recevrait cinq cent mille francs s'il livrait la Duchesse ; mais il devait être surveillé et dirigé par le commissaire de police Joly, escorté d'une douzaine d'agents secrets, qui devait avoir la haute main sur les troupes et le personnel administratif du département.

Dans une sorte d'apologie de lui-même écrite par Deutz et qui a été retrouvée par M. Nauroy aux Archives nationales (1), le traître prétend qu'il stipula en outre les quatre conditions suivantes :

1° Qu'en cas d'arrestation, Madame ne serait sous aucun prétexte livrée aux tribunaux pour y être jugée ;

2° Qu'aucune personne ne serait arrêtée en vertu des

---

(1) Voyez les articles de M. Nauroy dans le journal *le Curieux* de janvier 1885 et décembre 1887, cités par M. Imbert de Saint-Amand dans le livre sur *la captivité de la duchesse de Berry*, ch. IV, p. 35 et suivantes.

rapports politiques qu'elle pourrait avoir à un moment donné avec Deutz ;

3° Qu'il lui serait permis d'employer tous les moyens pour faire échapper le maréchal Bourmont de France ;

4° Qu'au cas où Deutz serait tué dans une bagarre, le Gouvernement ferait tout son possible pour le faire enterrer au pied du tombeau de sa mère.

Il est bien probable que le ministre, malgré le caractère odieux du marché qu'il négociait avec ce Deutz, ne descendit pas jusqu'à régler les détails de l'opération à laquelle le traître allait se livrer, détails que celui-ci a dû inventer de toutes pièces pour jeter un peu d'intérêt sur sa triste cause.

Il est inutile de donner de longs détails sur ce Deutz, dont le nom marche maintenant dans l'histoire accolé à celui de l'Iscariote et qu'on ne prononce qu'avec l'horreur et le mépris qu'inspire son exécrable forfait. Qu'il nous suffise de dire qu'Hyacinthe-Simon Deutz était un juif allemand. Il naquit à Cologne (1) en 1802. Son père exerça les fonctions de rabbin à Paris et lui-même débuta comme apprenti imprimeur dans la maison Firmin-Didot. Il se convertit à la foi catholique sous les auspices du cardinal Capellari et de Mgr de Quélen, archevêque de Paris, qui fut son parrain. Doué au plus degré de l'esprit de réclame propre à sa race, Deutz fit beaucoup de bruit autour de cette conversion et fut assez habile ou assez intrigant pour se faire confier par la Curie Romaine plusieurs missions

---

(1) Dans une note ajoutée à ses rapports adressés au Ministre de l'Intérieur, Joly indique que Deutz est né à Coblentz (Page 50 du manuscrit).

importantes. En 1831, il se trouvait en Angleterre et s'était faufilé très avant dans le parti légitimiste français ; il entra en relation avec le maréchal de Bourmont, puis passa en Italie où le cardinal Capellari, devenu Pape sous le nom de Grégoire XVI, lui continua la bienveillance qu'il lui avait déjà témoignée et que son prédécesseur Léon XII lui avait ensuite accordée. Grégoire XVI le recommanda à la Duchesse de Berry et il se rendit auprès d'elle sous le nom d'Hyacinthe de Gonzague. A partir de ce jour, il pensa posséder en mains tous les fils qui pourraient l'aider à accomplir la trahison qu'il méditait et qui devait l'enrichir. Après avoir séjourné quelque temps à Massa, résidence de la Duchesse, il partit au mois d'avril 1832 pour la France. Au moment de son départ, un ardent légitimiste, le comte de Choulot lui fit prêter un serment solennel de fidélité à Madame et à la cause du duc de Bordeaux : « Je jure, « disait-il, de faire tout mon possible pour le rétablissement « et le maintien de la légitimité, et reconnais aux membres « de la régence établie par Madame le droit de prendre « ma vie en cas de trahison de ma part. »

Il alla à Gênes, où se trouvait le maréchal de Bourmont, avec lequel il était en correspondance ; il se proposait de se rendre ensuite à Paris pour voir Casimir Périer et lui faire part de ses projets, mais le choléra venait d'emporter le ministre de Louis-Philippe, et Deutz ne jugea pas prudent d'aller affronter la redoutable épidémie. Il partit donc pour l'Espagne, puis pour le Portugal, d'où il écrivit au comte de Montalivet pour le mettre au courant des projets que le parti légitimiste tramait contre Louis-Philippe. Il se mettait à la disposition du ministre pour « délivrer la France, disait-il, d'un parti si odieux, l'assu-

« rant qu'une mort certaine, et même l'infamie dans un
« certain sens, ne l'empêcheraient pas de faire son devoir ».
Il lui proposa d'opérer l'arrestation de la Duchesse : « Il
« n'y a qu'un moyen de délivrer la France de l'anarchie et
« de la guerre civile : ce moyen, c'est l'arrestation de
« Madame. Il n'y a qu'un homme capable d'y réussir, cet
« homme c'est moi. »

A cette lettre, datée de Lisbonne (juin 1832), il ne reçut
pas de réponse ; aussi, devant ce silence qui honore M. de
Montalivet, se décida-t-il à aller directement à Paris pour
trouver le ministre, espérant le convaincre plus facilement
de vive voix que par écrit. Il y arriva quelques jours avant
l'entrée de M. Thiers au ministère. « C'est avec cet
« honorable ministre que je traitai réellement, dit-il, de
« l'affaire de Nantes. »

Deutz, ayant raconté ces divers incidents dans son
mémoire justificatif, croit devoir terminer par une sorte de
péroraison lyrique qu'il est assez curieux de rapporter :
« Puisse la France être heureuse sous le gouvernement
« royal et paternel de Louis-Philippe, et puissent ses
« descendants être en tout dignes de leur auguste père et
« du peuple qu'ils seront appelés à gouverner un jour !
« J'ai fait mon devoir, ma conscience est tranquille. Je
« meurs satisfait. Vive la France ! Vive Louis-Philippe ! »

Nous sommes loin du serment solennel prêté par Deutz
dans le champ d'oliviers près de Massa.

Maintenant, arrivons à l'accomplissement du marché.

# V

Soit à cause du changement de ministère, soit parce qu'il en avait assez de la besogne qu'on lui imposait, M. de Saint-Aignan, Préfet de la Loire-Inférieure, donna sa démission et fut remplacé par M. Maurice Duval qui, à son arrivée à Nantes, fut assailli pendant trois jours par un tel charivari qu'il ne put prendre de suite la direction de son service. Ce nouvel administrateur arrivait, du reste, dans un pays troublé et divisé par les factions politiques ; il se voyait chargé d'une mission importante et délicate sans avoir la moindre expérience du pays, la moindre connaissance des choses et des personnes.

Aussi M. Thiers ne l'avait mis au courant du secret qui n'était connu jusque-là que de Deutz et de Joly, qu'à la condition de se laisser conduire complètement par ce dernier et de ne rien faire sans son concours direct. Donc, à partir de ce moment, quelle que soit la part que chacun ait essayé de se faire dans ce que la police appelait « sa mission spéciale », nous devrons considérer Joly comme le chef de toute l'opération, ayant autorité sur l'administration locale, y compris le Préfet en personne, comme sur la troupe, depuis le simple soldat jusqu'au général.

Il fut convenu que Joly partirait sans retard pour Paris et qu'il irait voir le ministre afin que celui-ci lui fasse connaître les moyens qu'il avait de continuer fructueusement les recherches. Muni de ces instructions, il devait revenir immédiatement à Nantes pour y diriger les opérations.

« Je partis et tout aussitôt arrivé à Paris, je me fis
« annoncer à M. Thiers, alors ministre de l'intérieur. Je
« fus introduit de suite dans son cabinet. Ce ministre,
« après m'avoir entretenu de toute l'importance de ma
« mission et m'avoir exprimé la confiance qu'il mettait en
« moi, me laissa seul dans son cabinet en possession d'un
« énorme dossier qu'il me permit de consulter et qui me fit
« connaître tous les antécédents de Deutz, personnage
« qu'il m'avait annoncé et que je devais suivre à Nantes,
« l'y diriger, le protéger, recevoir et éclaircir ses rensei-
« gnements.

« Environ une heure après, le ministre rentra dans son
« cabinet et me demanda ce que je pensais de ce que m'avait
« appris le dossier. Je lui répondis franchement qu'il m'avait
« fait connaître plusieurs périodes de la vie d'un grand scé-
« lérat qui allait encore vendre et livrer une femme qui était
« restée sa bienfaitrice et celle de ses enfants. Le ministre,
« tout en applaudissant à mes sentiments philanthropiques,
« répondit que la sûreté du pays et celle du Roi étaient de
« plus haute considération ; que d'ailleurs le contrat avec
« cet homme, dans cette occasion, ne pouvait en rien
« m'atteindre ni m'attribuer une participation à son crime.

« Le ministre, en me congédiant, m'assigna un rendez-
« vous pour huit heures, le même soir, rue Richepanse, n° 6,
« chez M. F.... Son Excellence s'y rendit exactement. Deutz
« venait d'y arriver, porteur de vingt-deux lettres écrites
« en encre sympathique et que le banquier Jauge, de Paris,
« venait de lui confier pour les remettre à Nantes à Mme la
« Duchesse de Berry, tout aussitôt qu'on lui aurait fait
« connaître sa retraite.

« Pendant que le ministre examinait ces lettres, je sur-

« pris Deutz me fixant avec beaucoup d'attention et je
« l'entendis demander au ministre et à M. F... si j'étais un
« homme sûr et bien sûr. Le ministre lui répondit affirma-
« tivement et M. F... ajouta : « Joly est un homme qui ne
« se vend ni qu'on achète (1). »

Avant de se séparer du traître, M. Thiers lui dit : « Vous
« avez des lettres qui sont pour vous un sûr moyen d'arriver
« près de Mme la Duchesse. Vous les lui porterez et mes
« agents vous suivront. Du reste, voici mes conditions : Si
« vous me livrez la princesse, votre fortune est faite ; vous
« recevrez cinq cent mille francs. Dans le cas contraire,
« vous êtes entre mes mains et vous êtes un agent de
« conspiration ; vous apprendrez à vos dépens qu'on ne se
« joue pas impunément, en si grave matière, du gouverne-
« ment (2). »

Puisque nous sommes revenus sur ces cinq cent mille
francs, il nous semble intéressant de raconter de quelle
façon Deutz les reçut. C'est Alexandre Dumas fils qui nous
l'apprend dans une lettre adressée à M. Nauroy, le 13 mars
1883, laquelle a été publiée par celui-ci et reproduite dans
le livre de M. Imbert de Saint-Amand :

« Monsieur, voici le fait : J'ai eu pour camarade de
collège et pour ami intime depuis, Henri Didier, député de
l'Ariège sous l'Empire (3), mort en 1868. Il était le petit-
fils de Didier, fusillé à Grenoble sous la Restauration à la

---

(1) Rapport de Joly à M. Thiers, du 13 octobre 1832, page 18 du manuscrit.
(2) Relaté par M. Imbert de SAINT-AMAND, *op. cit.*, ch. III, p. 34.
(3) Henri Didier avait déjà été député de l'Algérie à l'Assemblée nationale
de 1848 et à l'Assemblée législative qui l'a suivie.

suite d'une conspiration bonapartiste, et fils de Didier qui était secrétaire général au ministère de l'intérieur quand eut lieu l'arrestation de la duchesse de Berry sur la dénonciation de Deutz. C'est ce Didier là qui fut chargé de payer au dénonciateur les cinq cent mille francs qu'il avait demandés. Mon ami m'a raconté un jour, en me faisant promettre de ne livrer le fait à la publicité qu'après sa mort, que son père, le jour du paiement, l'avait fait cacher, lui enfant de dix ans à cette époque, derrière une tapisserie de son cabinet et lui avait dit : « Regarde bien ce qui va se passer et ne l'oublie jamais. Il faut que tu saches de bonne heure ce que c'est qu'un lâche et comment on le paie ! »

« Henri se cacha : Deutz fut introduit. M. Didier était debout devant son bureau, sur lequel se trouvaient les cinq cent mille francs en deux paquets de deux cent cinquante mille francs chacun. Au moment où Deutz s'approchait, M. Didier lui fit signe de la main de s'arrêter ; puis prenant les pincettes, il s'en servit pour tendre les paquets l'un après l'autre à Deutz, puis il lui montra la porte. Pas un mot ne fut prononcé pendant cette scène que je vous raconte telle qu'elle m'a été racontée par mon ami, le plus honnête homme de la terre (1). »

Le morceau valait la peine d'être cité. La dignité de ce fonctionnaire qui n'adresse pas la parole à Deutz et qui lui tend son salaire au bout d'une paire de pincettes fait contraste avec la conduite d'un gouvernement qui ne craint pas de compromettre son honneur en traitant d'égal à égal

---

(1) Voyez Imbert de SAINT-AMAND, *op. cit.*, ch. IV, p. 44. Si l'on en croit le *Dictionnaire Larousse*, Henri Didier est mort fou, en 1868, après avoir prononcé au Corps législatif un discours ultra-fantaisiste. Cette circonstance est susceptible d'enlever un peu de valeur au récit d'Alexandre Dumas.

avec un Deutz. Il convient cependant de dégager les respon-
sabilités et de ne point faire supporter à des innocents le
poids d'une politique déshonorante. Louis-Philippe s'est
toujours défendu avec la plus grande énergie d'avoir connu
les projets de M. Thiers. « Dites à la Duchesse de Berry,
« répétait-il au docteur Menière, qui a rapporté cette
« conversation dans le *Journal de la captivité de Blaye*,
« que le Roi a complètement ignoré l'infamie de Deutz ; que
« l'arrestation de Nantes qui en était la conséquence n'a été
« soumise au cabinet que quand elle a été consommée, et
« qu'alors le conseil des ministres a décidé, à l'unanimité,
« qu'il fallait laisser son cours à la justice. J'ai eu la main
« forcée ; j'ai dû céder à des résolutions mûrement arrêtées ;
« il a fallu résister aux prières de la Reine, faire taire la
« voix du sang, l'intérêt de la parenté et tout cela parce
« qu'un ministre l'a voulu. Dites bien à la princesse que la
« Reine a prié, supplié, que la tante s'est montrée une véri-
« table mère dans cette triste circonstance... Vous direz à
« ma nièce que, par le temps qui court, quand l'émeute est
« dans la rue, quand des assassins à gages se relayent pour
« me tuer, quand la guerre civile est à peine assouvie en
« Vendée et que la presse la plus ardente enflamme toutes
« les passions populaires, la position d'un Roi constitu_
« tionnel est à peine tenable et qu'en vérité je serais parfois
« tenté de *mettre la clef sur la porte.* »

Le docteur Prosper Ménière, élève d'Orfila, avait été
envoyé à Blaye par le gouvernement pour soigner la Duchesse de Berry. Il a écrit, au jour le jour, le récit de la
captivité de celle-ci, à la Citadelle. Au mois de mars 1833,
il fut appelé devant le Conseil des ministres pour fournir
des explications au sujet de la mise en liberté de la Duchesse

qui était sollicitée à cause de son état de santé. Malgré son talent et les excellentes raisons qu'il fît valoir, il ne put rien obtenir. M. Thiers voulait que la Duchesse accouchât à Blaye et telle fut la décision du Conseil des ministres. C'est alors que le docteur Ménière fut mandé aux Tuileries et que le Roi lui tint le langage que nous venons de rapporter. Le docteur l'a consigné dans son *Journal* qui est écrit avec une grande modération et un indiscutable accent de sincérité. Nous devons donc tenir pour certaines les paroles de Louis-Philippe. Elles démontrent que si le Roi ne fut pas aussi étranger qu'il a bien voulu le dire à l'*infamie de Deutz*, il ne s'est associé qu'à contre-cœur à une mesure dont il comprenait le caractère odieux et que la raison d'Etat ne saurait suffire à justifier (1).

Aussitôt après le conciliabule du ministère de l'intérieur, Joly et Deutz convinrent de partir le plus tôt possible et décidèrent que, dans tous les cas, le premier arrivé à Angers attendrait l'autre à l'hôtel de France. Les dispositions du voyage de Deutz furent plus promptes que celles de Joly, et quand celui-ci arriva au rendez-vous, dans la nuit du 20 au 21 octobre, Deutz était déjà à son poste et vint le voir dans sa chambre d'hôtel dès le lendemain matin.

Après une longue conversation sur les difficultés de l'entreprise, il fut arrêté que Deutz prendrait le lendemain 22 le bateau à vapeur pour se rendre à Nantes et qu'il descendrait à l'hôtel de France où serait déjà arrivé Joly qui devait voyager en poste.

Le 22 au soir, Joly observa lui-même l'arrivée du bateau

_______________

(1) Voyez Imbert de SAINT-AMAND, *op. cit.*, ch. XXIV, p. 279 et 281.

à vapeur d'où Deutz descendit, filé et presque accompagné par deux agents de police qui avaient fait route et conversé plusieurs fois avec lui, sans éveiller ses soupçons. Deutz se fit conduire à l'hôtel et les agents allèrent au rendez-vous qui leur avait été indiqué par Joly. Quant à celui-ci, il suivit de loin son homme jusqu'à l'hôtel de France où il lui donna à peine le temps de s'installer et alla le trouver dans sa chambre. Son but était de le démunir de ses vingt-deux dépêches sous le prétexte d'une visite inattendue de la police, afin qu'il ne saisît l'occasion de les remettre à un tiers, ce qui aurait privé Joly de la connaissance de leur contenu. Deutz donna dans le piège et les remit à Joly en le remerciant de sa précaution. Il y ajouta tout ce qui pouvait le compromettre, notamment ses décorations, un brevet de baron qui lui avait été donné par la Duchesse et plusieurs paquets de cheveux dont deux qu'il désigna pour être ceux des enfants de celle-ci.

Au sujet de ce brevet de baron, nous devons constater une contradiction entre le récit de Joly et celui du comte de Mesnars. D'après celui-ci, Deutz n'aurait sollicité le brevet de baron qu'au moment de sa première entrevue avec la Duchesse, le 31 octobre, dans la maison du Guiny. Il demandait en même temps d'être le ministre plénipotentiaire de Madame, et lorsqu'il se trouva seul avec M. de Mesnars, il le pria d'intercéder afin d'obtenir pour lui ce titre qu'il avait imploré avec des larmes. M. de Mesnars lui répondit : « Les affaires de la Vendée sont dans un état « désespéré; ce n'est donc pas le moment de nommer un « plénipotentiaire; je crois que Madame ne donnera ce « titre à personne. Quant à celui de baron, c'est autre « chose; il est possible que Son Altesse Royale vous l'ac-

« corde, et je lui rappellerai combien vous y attachez de
« prix. » Et M. de Mesnars ajoute : « Je crus que cet
homme baiserait mes pieds, tant il s'est perdu en révérences
jusqu'à terre, en exclamations de reconnaissance et de
dévouement. » Dès que Deutz fut sorti de la maison, M. de
Mesnars alla raconter la conversation à la princesse. Prise
alors d'un de ces élans de gaîté qu'elle n'avait pas eus
depuis longtemps, elle s'écria : « Il est fou ! Il veut être
« ministre plénipotentiaire ! Il veut aussi être baron ! Eh !
« bien, passe pour baron… faisons-le baron ! »

Comment concilier ces deux récits ? Joly n'a pas pu se
tromper, puisqu'il affirme le fait d'après un souvenir qui
ne laisse prise à aucun doute, et, de son côté, M. de Mesnars
est très précis, ce qui démontre combien la mémoire est
infidèle, lorsqu'on raconte un fait un peu éloigné et combien les bases de l'histoire sont fragiles et incertaines.

Du 23 au 30 octobre, Joly ne cessa de suivre ou de faire
suivre Deutz à vue. Chaque soir, il le prenait à un rendez
vous donné et il l'accompagnait à la préfecture où ils
s'étaient ménagé l'entrée secrète d'une porte de derrière
donnant sur le quai Barbin, dans une situation tout à fait
isolée. Là, ils rapportaient au préfet Duval ce qu'ils avaient
fait pendant la journée et leurs projets pour le lendemain ;
ils ne se retiraient que fort avant dans la nuit et Joly était
toujours obligé d'accompagner Deutz jusqu'à son hôtel,
car il n'osait circuler seul en ville pendant la nuit.

Un jour, le préfet fit appeler Joly à son cabinet et lui
communiqua une dépêche confidentielle du ministre de
l'intérieur annonçant que Deutz était soupçonné ; un
agent avait rapporté à M. Thiers que M. Jauge, banquier
à Paris, aurait appris d'un membre du Comité légitimiste

qu'un traître était parti pour Nantes dans le but de vendre
et de livrer la Duchesse de Berry, sans cependant préciser
que ce fût de Deutz qu'on voulait parler (1). « Cela arriva
« juste, dit Joly, au moment où celui-ci venait d'avoir une
« entrevue avec M. le curé de l'église Saint-Pierre et dans
« laquelle il avait cru reconnaître que cet ecclésiastique se
« tenait avec lui sur un pied de réserve que Deutz, en
« homme exercé, ne tarda pas à attribuer à la suspicion.
« Un bruit et la voix de plusieurs personnes qu'il entendit
« distinctement dans une pièce voisine lui firent appré-
« hender un instant pour sa sûreté ; mais il se rappela
« bientôt que mes agents, qui avaient ordre de le suivre
« partout avec précaution, paraîtraient tout aussitôt qu'il
« donnerait le signal du danger pour sa personne. Cette
« réflexion, ainsi qu'il me l'apprit à sa sortie de chez le
« curé de Saint-Pierre, lui fit faire bonne conte-
« nance.

« Cependant il ne put rien en obtenir en faveur du motif
« de sa visite. La conversation du curé fut tantôt sardonique
« et tantôt celle d'un homme dans lequel le soupçon, toujours
« croissant, porte l'irritation.

« Deutz m'avoua depuis que, s'il ne s'était pas troublé
« complètement, c'est qu'il avait compté sur ma présence
« et celle de mes agents dans le voisinage ; qu'il croyait
« l'avoir échappé belle ; que cependant, de la manière dont

---

(1) Dans son apologie, Deutz raconte ainsi cet incident : « M. le préfet me
lut une dépêche autographe de M. Thiers qui l'invitait à m'empêcher d'agir
parce que j'avais été trahi par un de mes amis en qui j'avais la plus grande
confiance et à qui j'avais communiqué toutes mes affaires politiques. Après
des choses très flatteuses pour moi, cet honorable ministre termina sa dépêche à peu près en ces termes : « Il ne faut pas qu'un homme d'un dévouement aussi désintéressé soit la victime inutile de sa persévérance et de son
patriotisme. » Voyez Imbert de SAINT-AMAND, *op. cit.* VI, p. 56.

« il s'était exprimé avec ce curé, il le défiait de porter à la
« connaissance de qui que ce soit des soupçons fondés sur
« son compte, mais qu'il n'y retournerait plus ! (1) »

Deutz s'orienta donc d'un autre côté. Il tourna ses vues
vers une dame Picquetet qu'il regardait comme le seul
intermédiaire capable de le faire arriver à obtenir une
entrevue secrète avec Madame de la Ferronnays, supérieure du couvent de la Visitation. « La suite, ajoute Joly,
« a prouvé qu'il ne fut pas déçu dans ses espérances ; mais
« il faut dire que nous le secondâmes et le protégeâmes
« dans toutes les démarches qu'il fut obligé de faire pour
« y parvenir et souvent non sans danger pour nos per-
« sonnes (2). »

Ces soupçons dont Deutz semblait l'objet de la part du
parti légitimiste rendaient fort embarrassant le rôle de
l'administration et de la police à son égard. Comment en
faire part à un homme que l'on connaissait déjà comme
très pusillanime et qui ne manquerait pas de sentir et
d'exagérer le danger de sa situation ? Il fallait pourtant
prendre vite un parti. Il fut convenu entre le Préfet et Joly
de renvoyer à l'insu de Deutz les vingt-deux dépêches à

---

(1) Suite du *rapport* de Joly au Ministre de l'Intérieur. Deutz confirme ce
récit par celui qu'il a fait dans son *Apologie*, d'une façon plus brève, mais
en termes presque identiques : « ... Je me rendis chez un prêtre à qui
« j'étais adressé, pour avoir des renseignements sur le lieu où devait se
« trouver Madame. Il dit ne pas connaître ceux qui m'adressaient à lui et,
« après une courte conversation très orageuse, il me déclara que je n'étais
« nullement ce que je prétendais être (l'envoyé de Madame), mais un inpos-
« teur expédié par la police. Je conservai tout mon sang-froid et je compris
« qu'effectivement il y avait quelqu'un de trahi, mais je reconnus aussi que
« ce ne pouvait être moi. »
Voyez Imbert de SAINT-AMAND, *op. cit.* VI, p. 57 ; page 20 du manuscrit de
Joly.

(2) Note en marge même du rapport, p. 20 du manuscrit.

Paris pour que le Gouvernement les fasse éprouver et puisse ainsi profiter des documents qu'elles contenaient. Cela fut exécuté dans le délai de trois jours. « Pendant ce « temps, dit Joly, je secondais et faisais seconder par mes « agents Deutz dans ses démarches et il ne connut cet inci- « dent que par l'aveu que nous lui en fîmes lorsque le « danger fut passé et après avoir reçu la réponse du minis- « tre qui nous renvoyait en même temps nos dépêches « intactes et nous donnait l'assurance que Deutz n'y était « pas nommé (1) ».

Ils renouèrent donc leurs intrigues. Deutz fit de nom- breuses visites à Madame Picquetet et sut peu à peu gagner son amitié et sa confiance. Ce fut par l'intermédiaire de cette dame qu'il réussit enfin, sous le nom d'Hyacinthe de Gonzague, à obtenir une entrevue de Madame de la Ferron- nays, sœur du ministre des affaires étrangères de Char- les X et supérieure du couvent de la Visitation. Un mois auparavant, la police avait fait une perquisition générale dans ce couvent, avait fouillé les caveaux et sondé les par- quets ; elle y avait trouvé plusieurs religieux trappistes qui furent arrêtés ainsi que quelques chouans qui s'étaient cachés dans les maisons contiguës.

Dans leur première entrevue, la Supérieure dit à Deutz qu'elle ignorait le lieu de retraite de la Duchesse; mais il sut s'en ménager plusieurs, grâce à une sacrilège comédie qui, pour avoir été bien souvent pratiquée vis-à-vis des person- nes pieuses, n'en a pas moins de succès tous les jours. D'après ce que raconte M. de Mesnars dans ses *Souvenirs intimes*, il se rendait chaque matin dans la chapelle du

---

(1) Page 20 du manuscrit de Joly.

couvent et il y communiait, ce qui inspira une confiance de plus en plus grande à Madame de la Ferronnays qui finit par lui accorder le renseignement dont il avait besoin. Dans un entretien qu'elle eut avec lui le 3o octobre, elle lui promit de le faire conduire le lendemain soir, par une personne qui viendrait le chercher à son hôtel et qui l'accompagnerait, dans un endroit où il pourrait avoir des renseignements plus directs sur la retraite de la Duchesse de Berry. Jusqu'à ce moment, elle avait cherché à persuader Deutz que la Duchesse était cachée dans une campagne aux environs de Nantes et qu'il fallait au moins deux jours pour porter et recevoir des nouvelles.

Deutz, tout joyeux de cette promesse, craignait pourtant de ne trouver au rendez-vous qu'un intermédiaire tel que Charette ou Bourmont. Il alla trouver Joly à son hôtel et lui raconta tout ce qui s'était passé avec un enthousiasme qui dénotait les plus grandes espérances. Joly lui promit donc de se trouver le soir à sa disposition avec ses agents sur la place Graslin où était situé l'hôtel de France. Les mouvements de lumière qu'il apercevrait dans la chambre de Deutz lui indiqueraient l'arrivée du visiteur et, à leur sortie, ils seraient filés tous les deux par Joly et ses agents. En effet, vers sept heures et demie du soir, Deutz sortit avec un homme gros et de moyenne taille ; ils suivirent les rues Crébillon, Grétry, Santeuil, J.-J. Rousseau, longèrent la Bourse, le quai Brancas jusqu'à la rue des Etats où ils tournèrent. Ici, la surveillance fut un moment entravée par la rencontre de quelques soldats de l'artillerie qui marchaient de front et se rendaient au poste du château, ainsi que par un accident de terrain qui, dans un espace de cinquante pas environ, cachait à la vue la maison portant le numéro un, laquelle était située tout à fait au coude que faisait la rue du Château et dans laquelle Deutz et son compagnon s'étaient probablement introduits.

Cet incident, la pluie qui tombait à torrents et l'obscurité de la nuit déroutèrent les agents. Joly en posta deux, Fresnot et Gaillard, près de la maison soupçonnée, de manière à observer les mouvements qui s'y produiraient. L'agent Dubois fut placé un peu plus loin pour surveiller ce qui se passerait dans le voisinage et épier les allées et venues. Pendant ce temps, Joly alla trouver le Préfet pour l'informer de ce contre-temps (1).

La princesse, au signalement qu'on lui avait donné du baron de Gonzague, crut reconnaître Deutz qu'elle avait chargé, à Massa, de lettres pour Lisbonne et pour Madrid. Elle dit à M. du Guiny de se rendre à l'hôtel de France, d'y demander M. de Gonzague et de lui montrer la moitié d'une carte découpée. Il devait avoir l'autre moitié. M. du Guiny se rendit, en effet, à l'hôtel et proposa à Deutz de le conduire près de la Duchesse. On avait convenu toutefois qu'on ne ferait pas connaître à celui-ci la maison où on le conduisait et qu'on lui dirait que la Duchesse n'y demeurait point, mais qu'elle s'y rendait exprès pour cette entrevue (2).

Pendant la route, Deutz manifestait des signes d'inquiétude. Il arriva enfin à la maison du Guiny, monta au troisième étage et, peu après, la Duchesse de Berry arriva : « Me voici, mon cher Deutz », dit-elle. A ces mots si simples, le misérable se troubla, — c'est lui-même qui l'écrit, — et il se trouva mal.

---

(1) Suite du même rapport, page 23 du manuscrit.
(2) Voy. Imbert de SAINT-AMAND ; *op. cit.* VI, p. 59.

Le comte de Mesnars, seul témoin de la scène, l'a racontée dans ses *Souvenirs* : « Madame est entrée tout à coup, « dit-il, avec son châle, son chapeau et ses brodequins tout « couverts de poussière, comme si elle arrivait de fort « loin ; la conversation a été assez longue. Il lui a d'abord « rendu compte de sa mission. Cette mission avait pour « but d'engager Madame la Duchesse de Berry à entrer « pour une somme de dix millions dans la négociation de « l'emprunt en faveur de don Miguel... qui mettrait à la « disposition de Madame une grande quantité d'armes et « de munitions. En outre, Deutz avait reçu l'ordre de se « rendre auprès de la reine d'Espagne qui approuvait l'en- « treprise de sa sœur et lui promettait aide et appui. »

Là-dessus, elle congédia Deutz et quitta la chambre. On fit du bruit dans la maison et il crut que la Duchesse était réellement partie. Il resta avec le comte de Mesnars et « après avoir essuyé ses yeux qui regardent plus souvent « de côté qu'en face, chose qui, soit dit en passant, est peu « de mon goût, dit M. de Mesnars », il entretint celui-ci de sa mission en Portugal et des services qu'il pourrait rendre à Madame ; puis il partit. Il avait fait mauvaise impression sur M. de Mesnars et sur M. Guibourg, mais la Duchesse à qui il avait été recommandé par les Cardinaux, par le Saint-Père lui-même, conserva sa robuste confiance en lui.

En quittant la maison, Deutz n'avait pas retrouvé les agents de Joly. « En descendant à dix heures du soir de « chez Madame, dit-il dans son *Mémoire*, je ne trouvai « personne.

« Au bout d'une heure seulement, chez M. le Préfet, je « sus qu'on avait perdu mes traces. Tout le monde crut « l'affaire manquée. »

Voyons ce qui s'était passé dans la rue en son absence :

En partant pour la Préfecture, Joly avait donné à Fresnot, l'un des deux agents laissés en surveillance près de la maison portant le numéro un, le mot d'ordre convenu avec Deutz, pour que dans le cas où il sortirait seul, avant le retour de Joly, il pût se faire reconnaître de l'agent. En effet, sur les dix heures un quart environ, cet agent embusqué à vingt pas de la maison vit sortir rapidement et s'avancer de son côté un des deux hommes qui avaient été précédemment filés par la police et il le reconnut bientôt pour celui qui lui avait été signalé comme étant l'indicateur. Aussitôt, il l'accosta en lui adressant ces paroles : « Monsieur, pourriez-vous me dire l'heure qu'il est ? » A cette question, il fut aussitôt reconnu. L'indicateur ou, pour mieux dire, Deutz, s'écria avec émotion : « Ah ! vous « voilà, mon cher ami ; c'est bien. La Duchesse est là. Où « est M. Joly ? — Très près d'ici, lui répondit Fresnot. — « Allez le chercher. »

Revenant sur ses pas, il s'adressa ensuite à Gaillard, il le prit au collet d'un air tout à fait hors de lui et lui demanda s'il était armé. L'agent lui répondit affirmativement en lui montrant ses deux pistolets. Il lui désigna alors la maison surveillée comme étant celle où se trouvaient la Duchesse et le comte de Mesnars, en lui disant d'un *air satané*, suivant l'expression de Joly, que lui Gaillard en répondait sur sa tête. Il lui demanda ensuite le chemin de la Préfecture et il partit, mais l'agent remarqua qu'il prenait une direction opposée à celle qu'il venait de lui indiquer ; il avait les allures d'un insensé, gesticulait et parlait tout haut dans les rues qu'il suivait comme au hasard (1).

---

(1) Page 26 du Manuscrit.

Les agents Fresnot et Gaillard restèrent à leur poste et ils ne virent sortir personne de la maison que Deutz venait de leur désigner, ni des habitations contiguës.

Joly et l'agent Dubois allèrent à l'hôtel de France où ils pensaient retrouver Deutz, puis ils se rapprochèrent des agents qui leur apprirent ce qui s'était passé. Dubois courut à la Préfecture où il le trouva dans un état inouï d'excitation. Le Préfet fit alors porter à Joly par Dubois l'ordre de lever la surveillance et de se rendre à son cabinet, ce qu'il fit aussitôt.

Dans son rapport au Ministre, Joly fait remarquer combien la conduite de Deutz lui a paru singulière. En sortant de la maison présumée être celle où la Duchesse lui avait assigné un rendez-vous, il ne cherche pas Joly, ne fait aucun des signaux convenus entre eux et ce n'est qu'au bout de la rue aperçu et accosté par l'agent Fresnot, possesseur du mot d'ordre, qu'il demande le chef de la police, qu'il annonce que la Duchesse est dans la maison, qu'elle doit en sortir dans cinq minutes accompagnée du comte de Mesnars, qu'il recommande de redoubler de surveillance, disant en s'éloignant qu'il va lui-même prévenir le comte d'Erlon et qu'il reviendra avec la troupe. *Tout cet étalage,* comme dit Joly, se résume pour lui à solliciter du Préfet la levée de la surveillance et l'ajournement de l'opération (1).

Le lendemain, 1er novembre, il alla voir Joly, lui fit ses excuses sur l'état où il s'était trouvé la veille et sur les

---

(1) Dans ce rapport au Ministre de l'Intérieur, Deutz est appelé Herbaut. Mais, comme le fait remarquer Joly dans une note, Herbaut, Giacinto Gonzaga et Deutz sont les trois noms sous lesquels on désignait le même individu. (Voy. pages 25 et 50 du manuscrit.)

expressions trop vives qu'il avait dû employer envers lui et ses agents ; la présence de la Duchesse, disait-il, lui avait causé ce dérangement d'idées. Il n'y avait encore rien de compromis puisqu'en somme on avait gagné à l'opération de la veille l'avantage de connaître un des lieux de rendez-vous de la Duchesse. On avait eu raison de ne pas forcer l'entrée de la maison, parce que Madame serait probablement sortie par une autre issue, ce qui aurait dérangé toutes les prévisions.

Ici se rattache un épisode qui a certainement eu de l'influence sur les entrevues de Deutz avec M^{me} de la Ferronnays. A la fin du mois d'octobre, quelques renseignements fournis par des Carlistes qu'on supposait bien instruits avaient fait croire à la présence du maréchal de Bourmont à Nantes. Joly engagea Deutz à en parler avec ménagement à M^{me} de la Ferronnays, ce qu'il fit. Cette dame qui lui accordait alors toute sa confiance ne lui en fit pas mystère ; elle lui avoua même que le retard et l'hésitation qu'elle avait mis à lui accorder une seconde entrevue était l'effet d'un conseil que lui avait donné Bourmont et que, dans la soirée, elle lui ferait connaître ce qui aurait été décidé entre le Comte et la Duchesse à son égard. En effet, le lendemain à dix heures du matin, Deutz se rendit au couvent de la Visitation et apprit de M^{me} de la Ferronnays que Bourmont désirait le voir dans la journée. Un tiers devait le prendre chez lui et le conduire au lieu de retraite du Maréchal. Deutz alla immédiatement raconter ces détails à Joly, qui s'en montra très satisfait. Il fut arrêté que Deutz et ses compagnons seraient filés par la police. Vers une heure, Deutz sortit seul, car l'émissaire lui avait simplement remis par écrit l'adresse du lieu où il devait se rendre, c'est-à-dire rue de Sully, n° 3, près le cours Saint-André. Deutz s'y dirigea aussitôt. Quelques instants après son entrée dans la maison, une seconde personne le rejoignit ; c'était M. du Guiny, qui l'avait déjà conduit dans la maison de la rue Haute-du-Château. Environ trois quarts d'heure plus tard, ils sortirent ensemble et se dirigèrent sur le quai Barbin. Ils conférèrent un instant, puis se séparèrent. Joly rejoignit alors Deutz qui lui dit qu'il venait réellement de voir le comte de Bourmont ; qu'il l'avait trouvé dans un état de décrépitude bien au-dessus de son âge et qu'il avait cru remarquer que son moral était sensiblement affecté ; qu'il avait su, lui Deutz, donner de l'intérêt à la conversation et que Bourmont appuierait une seconde audience de la Duchesse. Deutz démontra à Joly que tout serait perdu si l'on arrêtait Bourmont, et il lui demanda sa parole d'honneur de ne pas le faire. Joly, sentant le danger qu'il y aurait à arrêter Bourmont avant d'être fixé sur la retraite de la Duchesse, se rendit aux observations que lui faisait Deutz, se réservant, dit-il, de donner à la police de Nantes, dès que la Duchesse serait arrêtée, tous les renseignements qu'il venait d'obtenir sur le général vendéen, — ce qu'il fit le soir même de l'arrestation de la Duchesse et sans attendre le résultat de cette opération. Mais, par suite de l'indifférence ou de la maladresse des agents du commissaire central, on n'arriva à aucun résultat (1).

Le lendemain de son entrevue avec la Duchesse, Deutz alla voir de nouveau M<sup>me</sup> de la Ferronnays et M<sup>me</sup> Picquetet,

---

(1) Ces derniers renseignements sont pris dans une note de Joly intitulée : *Un mot sur la présence à Nantes du maréchal Bourmont, au moment de l'arrestation de Madame la Duchesse de Berry*, et qui se trouve à la page 60 de son manuscrit.

promettant à Joly de lui rendre compte de ses nouvelles démarches. En effet, quelques heures après, il revint radieux de l'accueil qu'il avait reçu : M^me de la Ferronnays avait reconnu elle-même la nécessité d'une seconde entrevue avec la Duchesse et lui avait promis son entremise pour arriver à ce résultat. Le soir, il alla à la Préfecture et tint le même langage à M. Duval.

Joly chercha alors à découvrir quels étaient les habitants des trois maisons portant les numéros 1, 3 et 5 de la rue du Château.

Il apprit notamment que la maison n° 3 était occupée par les deux demoiselles du Guiny, carlistes fanatiques, dit-il, dont le frère avait été arrêté pour fabrication de poudre, dans le mois de juin précédent. Cette découverte fut pour lui un trait de lumière et il dressa en conséquence, avec le préfet et le comte d'Erlon, un plan de ses opérations qu'il devait suivre jusqu'au dénouement. Comme la question principale était d'acquérir la certitude que la maison n° 3 était le lieu de retraite de la Duchesse de Berry, il fit établir une surveillance secrète sur cette maison qu'il reconnut « être celle indiquée dans la lettre indicative *(sic)* adressée à M^me de la Ferronnays » dont voici le contenu :

Je n'ai que le temps de répondre, ma chère et bonne maîtresse, à votre lettre.

La maison est située au bas de la rue Haute-du-Château, à droite en partant de St-Pierre, n° 3. Il y a une allée profonde d'environ cinq à six pas, la porte est au fond de l'allée, la sonnette est à gauche. Le cordon auquel pend un pied de chevreuil.

Tout à vous avec tendresse et respect.

Cette surveillance dura une partie de la journée, et, vers trois heures, Joly vit l'indicateur y entrer puis en sortir peu de temps après. Celui-ci lui dit alors que tout allait bien, qu'il allait faire une course et qu'il reviendrait sur les cinq heures, ce qu'il fit. D'après le récit du comte de Mesnars, dans ses *Souvenirs intimes*, il était déjà passé devant la maison vers deux heures, mais sans y entrer, et il y retourna vers quatre heures. La Duchesse le reçut dans la même chambre que la première fois. Au moment où il venait d'arriver, on décacheta une lettre du banquier Jauge, écrite en encre sympathique, dans laquelle il avertissait la Duchesse qu'elle eût à se défier d'un homme qui l'avait vendue à M. Thiers : « C'est peut-être vous », dit-elle à Deutz en souriant. Deutz répondit en souriant aussi : « C'est possible. » Il demanda alors une somme d'argent pour accomplir sa mission en Portugal, en Espagne et à Paris. Comme la Duchesse n'avait pas assez d'argent pour le satisfaire, il l'assura de nouveau de son dévouement, puis elle se retira. Resté seul avec le comte de Mesnars, il posa de nouveau la question d'argent et celui-ci lui offrit, comme l'avait déjà fait la Duchesse, cinq cents francs pour son voyage et une lettre de crédit sur une maison de banque de Paris.

En descendant du troisième étage pour gagner la rue, Deutz aperçut le couvert mis dans la salle à manger. Il y avait huit couverts : celui de la Duchesse, ceux de MM. Guibourg et de Mesnars, des demoiselles du Guiny, de la baronne de Charette et de Stylite et Céleste de Kersabieck. Deutz, en voyant ces huit couverts, se dit que c'était le repas de la Duchesse qu'on préparait et il courut vers les agents qui, à cause de la nuit, avaient resserré leur surveillance avec de grandes précautions afin de ne pas être découverts. Ils virent Deutz qui sortait de la maison avec précipitation. Joly l'accosta en lui demandant où il en était de son entreprise : « La Duchesse y est, répliqua-t-il vivement « faites agir et dirigez votre opération ; tout nous sert à « souhait ; le vieux Mesnars m'a fait la confidence que la « Duchesse se proposait de dîner dans cette maison. Ainsi, « tout dépend de vous. »

Sur l'observation de Joly qu'on avait encore près d'une demi-heure à attendre avant de pouvoir mettre les troupes en mouvement, il se chargea d'aller lui-même trouver le préfet et le comte d'Erlon et de les presser de faire exécuter les mesures concertées.

En attendant l'arrivée des troupes, Joly et trois agents tinrent en observation la maison du Guiny et en surveillèrent les mouvements.

A six heures moins dix minutes, la troupe débouche et enveloppe tout l'ensemble des maisons attenant à celle qui porte le numéro trois. Joly, accompagné de ses trois agents, s'introduit sous le vestibule de cette maison ; dans l'obscurité, il cherche le cordon de sonnette qu'indiquait la lettre que nous avons reproduite ci-dessus. Il le trouve et sonne vigoureusement, mais sans résultat. Ses agents et lui entendent un mouvement dans l'escalier et se mettent sur la défensive. A ce moment, un coup de pistolet échappe par mégarde à un des agents, et Joly, croyant à une résistance de la part des assiégés, sonne de nouveau. N'obtenant pas de réponse, il fait briser la porte par les sapeurs.

Au moment où la troupe se déployait autour de la maison du Guiny, la Duchesse allait se mettre à table avec ses convives.

Tout à coup, M. Guibourg qui s'était approché de la fenêtre aperçut les baïonnettes et s'écria : « Sauvez-vous,

Madame ! » La Duchesse, mademoiselle Stylite de Kersabieck, MM. de Mesnars et Guibourg, qui étaient présents tous les trois, cherchèrent immédiatement un refuge dans une cachette qui se trouvait au fond de la cheminée de la chambre à coucher de la Duchesse et qui avait environ cinquante centimètres de largeur à une de ses extrémités et trente centimètres à l'autre sur une longueur d'un mètre.

M. de Mesnars, qui était le plus grand, passa le premier, puis M. Guibourg, Mlle de Kersabieck et enfin la Duchesse. On referma la plaque de la cheminée, et on écouta le bruit que faisaient les assiégeants qui se répandaient dans toutes les chambres et notamment dans la mansarde où se trouvait la cachette.

Aux premiers coups de hache, la porte fut ouverte par la cuisinière, Marie Bossy, et Joly pénétra avec ses trois agents et quelques gendarmes auxquels il ordonna d'occuper toutes les issues. Dubois cherche alors à circonvenir la cuisinière et l'engage à révéler la retraite de la Duchesse ; il lui offre des sommes considérables, pour livrer sa maîtresse ; mais, comme elle ne veut rien avouer, on l'arrête, et on la fait conduire à la caserne de gendarmerie pour y être interrogée plus tard.

Les agents arrivèrent au second étage et entrèrent dans la salle à manger où ils trouvèrent le couvert de huit personnes, somptueusement mis, dit Joly, avec du linge parsemé de fleurs de lys. Quatre personnes seulement étaient à table : les deux demoiselles du Guiny, M^lle Céleste de Kersabieck et M^me de Charette qui, interrogée, se fit passer pour une sœur ou une amie de ces dernières. Elles furent laissées en liberté.

Comme on était au surlendemain de la Saint-Charles et

le jour de l'anniversaire de la Duchesse, Joly demanda aux demoiselles du Guiny comment il se faisait qu'il n'y avait que quatre convives pour un dîner de huit personnes. « — Il n'y a rien que de très naturel en cela, répondirent-« elles, puisque nous attendions quatre autres convives.

« — Je peux d'autant moins croire à cette assertion, « répliqua Joly, que je remarque que la soupe a été man-« gée et que le bouilli a été découpé en partie, ce qui n'est « pas la manière, pas plus à Nantes qu'à Paris, d'attendre « ses convives. »

Cette circonstance raffermit la certitude de Joly que quelques légitimistes et même la Duchesse s'étaient retirés dans quelque cache, impénétrable jusqu'alors.

Au fur et à mesure qu'il quittait un étage de la maison, il en faisait occuper chaque chambre par la gendarmerie. Etant donc monté, avec ses agents, au troisième étage et entré dans une chambre mansarde qu'il sut depuis avoir servi de bureau à la Duchesse, il jeta les yeux sur une table et il y aperçut une lettre, signée Jaugé, qu'il reconnut avoir été écrite en encre sympathique éprouvée et par laquelle la Duchesse était prévenue qu'un scélérat venait de partir de Paris pour la trahir et la vendre à Nantes. Il la fit remet-tre au préfet qui, après l'avoir déchiffrée et copiée, l'envoya à Paris par estafette.

On continue les recherches, en ouvrant les meubles qu'on brise quand la clef n'est pas dans la serrure ; les maçons et les sapeurs sondent à grands coups de pioche, de hache et de marteau les murs et les plafonds. A ce moment Joly permit, vu la rigueur de la température, de faire du feu dans toutes les cheminées. Ce détail aura tout à l'heure une grande importance. En examinant les objets que les

fouilles laissent épars, il trouva sur le plancher une sorte
de clef de pendule dont il ne put tout de suite expliquer
l'emploi ordinaire ; mais, en jetant les yeux sur tous les
coins de la chambre, il aperçut dans l'encoignure d'une
cloison recouverte en papier, un petit trou par lequel il in-
troduisit la clef ; à son grand étonnement, une porte s'ou-
vrit et lui fit découvrir un cabinet noir au plafond duquel
était pratiquée une trappe à laquelle on arrivait facilement,
en montant sur une table placée devant son ouverture ;
cette trappe donnait dans de faux greniers, par lesquels on
pouvait se rendre sans être vu, ainsi qu'il en fit plus tard
la remarque, dans la chambre de la cheminée mysté-
rieuse.

En même temps que la maison numéro trois était explo-
rée par Joly, les commissaires de police de Nantes, appuyés
par la troupe, faisaient la même opération dans les maisons voisines, et particulièrement dans celles portant les
numéros un et cinq, contiguës à la première. Ces maisons
furent si complètement entourées par la troupe qu'aucun
passage ne restait praticable et qu'une évasion était impossible. Douze cents hommes sont là, commandés par le lieutenant-général comte d'Erlon, ayant sous ses ordres le général Dermoncourt et les 32e et 56e régiments de ligne. Le
préfet Duval préside aux opérations du dehors pendant que
Joly organise les perquisitions à l'intérieur. Chaque ordre
donné, chaque mot prononcé est entendu par les proscrits.
Ainsi, à un moment donné, Joly, voyant l'impossibilité
absolue de toute évasion de la maison du Guiny, s'écrie
« qu'il fera occuper militairement la maison pendant
« quinze jours, s'il le faut, avant de renoncer à la réus-
« site ». Comme les demoiselles du Guiny se plaignent de

ce qu'on démolit leur maison pièce à pièce, le préfet leur répond : « Les ouvriers qui démoliront la maison sauront « bien la reconstruire. » La Duchesse voit qu'à un moment ou à l'autre il faudra se rendre et elle se lamente sur le sort de ses compagnons de captivité : « Ah ! mes pauvres enfants « nous allons être mis en pièces. C'est fini !... C'est pour- « tant pour moi que vous vous trouvez dans cette affreuse « position. (1) »

A ce moment, Joly voulut faire cesser le désordre qui présidait aux recherches. Il fit évacuer la maison par la troupe de ligne et par la garde nationale. Vingt gendarmes les remplacèrent avec avantage. Il en laissa deux dans cha- que chambre avec la consigne d'observer un profond silence et d'écouter avec attention s'il se faisait le moindre bruit. Ils eurent l'autorisation de continuer à faire du feu dans toutes les cheminées car, dans cette nuit du six au sept novembre, le froid fut très rigoureux.

Arrivé à ce point, Joly passe dans son récit brusquement au lendemain, sans doute pour ne pas être obligé de s'ex- pliquer, dans un rapport officiel, sur le résultat négatif de l'entreprise du premier soir.

La vérité est que les ouvriers, en sondant les murs, arri- vèrent à quelques centimètres seulement de la cachette. M. de Mesnars conseilla alors de se rendre, car il voyait la Duchesse entre deux dangers, mais le plus grand était der- rière elle, car il y avait lieu de craindre qu'on ne tirât des coups de fusil de l'extérieur. Tout à coup les ouvriers s'ar- rêtent ; ils en ont assez de ce travail inutile ; le préfet ren-

---

(1). Voy. Imbert de SAINT-AMAND, *op. cit.*, Chap. VII, p. 75.
Pour ce qui précède, voir la suite du *Rapport* de Joly, pages 27 à 33 de son manuscrit.

voie les travaux au lendemain, mais il ne veut rien laisser au hasard et il fait ouvrir un procès-verbal des opérations de la journée, procès-verbal que Joly n'a pas reproduit dans son rapport, peut-être parce qu'il devait figurer au nombre des pièces officielles que le préfet transmettrait lui-même au ministère, peut-être aussi parce que son orgueil, dont nous avons déjà vu bien des manifestations, ne pouvait souffrir de voir son rôle diminué par un acte à la confection duquel prenaient part les commissaires de police de Nantes, dans lequel, il est vrai, il conservait bien le premier rôle, mais avec cette mention que la police agissait sur les ordres du préfet, ce qui diminuait singulièrement le mérite de Joly.

Nous pensons qu'il est intéressant de reproduire ce procès-verbal. Le voici :

An 1832, six novembre, Louis Joly, commissaire spécial de police attaché au ministère de l'intérieur, en mission extraordinaire dans l'Ouest, particulièrement à Nantes ; Auguste Lenormand, commissaire central à Nantes ; Jean-Joseph-François Prévost, Gustave Daralde et Joseph Bertauld, commissaires de police à Nantes, officiers de police judiciaire, auxiliaires de M. le procureur du Roi, en exécution des ordres de M. le pair de France, préfet du département de la Loire-Inférieure, à l'effet de faire des recherches dans diverses maisons, notamment dans celles numérotées un, trois et cinq, situées dans la rue Haute-du-Château, désignées comme pouvant recéler M^me la duchesse de Berry et autres personnes de sa suite, saisir dans lesdites maisons toutes armes, munitions de guerre, ainsi que toutes proclamations, correspondances, notes, manuscrits, registres, écrits, imprimés, presses d'imprimerie, caractères et spécialement tous les objets de nature à compromettre la sûreté de l'Etat, nous sommes transportés accompagnés de forts détachements de troupes de ligne formant la garnison et composés des 32^e et 56^e de ligne, sous les ordres de MM. les colonels et officiers de ces régiments dans les trois maisons désignées, où étant, après avoir fait occuper et garder intérieurement toutes les issues extérieures, soit dans les rues, soit dans les maisons voisines, nous avons fait une exacte perquisition dans toutes les pièces, dans les caves, greniers et souterrains dépendant des trois maisons. Nous n'avons trouvé aucune des personnes comprises dans l'objet de nos investigations. Nous avons préalablement fait connaître nos qualités et l'objet de notre transport aux demoiselles du Guiny, occupant la maison numéro trois, fortement soupçonnée d'être celle dans laquelle pourraient s'être réfugiées M<sup>me</sup> la duchesse de Berry et autres personnes de sa suite. Nous avons occupé pendant la nuit ladite maison et plusieurs autres maisons du même quartier, afin d'empêcher toute personne de sortir ou de communiquer avec qui que ce soit, la gendarmerie étant placée à l'intérieur de toutes ces maisons et assistant les soussignés. Nous avons rédigé le présent procès-verbal pour être continué, le cas échéant, demain sept. (1) »

Au point du jour, après s'être entretenu en particulier avec deux architectes, officiers supérieurs de la garde nationale de Nantes, qui commandaient le détachement de service, Joly fit recommencer les recherches, avec un tel soin, dit-il, qu'on compta les carreaux des planchers afin de reconnaître si une pièce ou l'autre ne serait pas tranchée par un mur de refend, invisible à première vue. Les ouvriers remarquèrent, dans une chambre du rez-de-chaussée donnant dans la cuisine, un mur de refend en brique, formant une cachette de trois à quatre pieds de large sur huit de long, dont toute l'épaisseur était prise aux dépens de la maison voisine, numéro premier, et qui renfermait des insignes légitimistes, des drapeaux et des brochures de propagande. Joly envoya chercher le procureur du Roi et le juge d'instruction.

Pendant ce temps, se dénouaient au troisième étage l'opération et l'entreprise qui occupaient depuis seize heures, des généraux, des officiers supérieurs, le Préfet, la troupe et la police, et elles se dénouaient, comme beaucoup d'aven-

---

(1). Voy. Imbert de SAINT-AMAND, *op. cit.* Ch. VII, p. 76.

tures de ce monde, pour ainsi dire toutes seules, à la suite d'un incident sans importance.

En quittant la maison, après la rédaction de leur procès-verbal, les commissaires avaient laissé, comme l'a dit Joly, des gendarmes dans chaque pièce. Ceux qui se trouvaient dans la chambre de la cachette se nommaient Hocher et Lavollée. Les prisonniers ne pouvaient donc s'enfuir. Ils passèrent la nuit, partagés entre la crainte et l'espoir, et sans autre nourriture que quelques morceaux de sucre que M. de Mesnars trouva dans sa poche. Le lendemain, les ouvriers recommencèrent leur travail avant le jour et se mirent à frapper de tous côtés à coup de barres de fer, comme s'ils eussent voulu démolir la maison.

A un moment donné, comme il faisait froid et humide, les gendarmes allumèrent du feu dans la cheminée dont la plaque servait de porte d'entrée à la cachette ; la fumée des mottes s'infiltrant à travers les interstices du mur, voilà que les prisonniers vont être brûlés ou asphyxiés ! Ils dérangent quelques ardoises du toit, ce qui permet à chacun d'y aller respirer à son tour. Un peu d'espoir renaît, car un des deux gendarmes s'est endormi et son camarade n'entretient pas le feu ; le séjour de la cachette devient plus tolérable. Mais les ouvriers fouillent de plus en plus près ; ils examinent les ardoises qu'on vient de déranger ; ils frappent le mur dont le crépissage se détache à chaque coup ; ils vont pénétrer dans la cachette. Mais les voici qui s'éloignent tout à coup ; ils abandonnent la maison, et les commissaires se réunissent au rez-de-chaussée où ils rédigent un nouveau procès-verbal, en présence du Préfet et du général Dermoncourt, pour constater qu'il n'y a plus rien à espérer des recherches entreprises. Les prisonniers sont sauvés !..

Eh non ! Le gendarme endormi vient de se réveiller ; il a froid et il rallume le feu avec un tas de numéros de la *Quotidienne*, qui font une flamme claire et chauffent horriblement la plaque de la cheminée, pendant que l'épaisse fumée du papier pénètre dans la cachette. La plaque devient rouge ; le feu prend à la robe de la Duchesse, elle l'éteint ; il prend une seconde fois, elle l'éteint encore et se brûle. On étouffe et il n'y a plus à hésiter ; il faut se rendre et la Duchesse s'y résout enfin. On pousse la plaque qui résiste. « Qui est là ? crie un des deux gendarmes. — Nous nous rendons », lui répond Stylite de Kersabieck (1). A ce moment, Joly attiré par le bruit entre dans la chambre. M. Guibourg venait de faire sauter la plaque d'un coup de pied et la Duchesse sortait de la cachette en disant de son côté : « Nous nous rendons, gendarmes, nous sommes vos prison- « niers ; mais n'appelez pas la troupe. » La Duchesse et ses compagnons furent retirés en un instant de leur cachette par les gendarmes qui avaient les larmes aux yeux. Elle se préoccupait surtout de ses compagnons et recommandait de ne leur faire aucun mal (2). Son arrestation due à une cause insignifiante et fortuite était tellement inespérée qu'un véritable désarroi se produisit aussitôt chez les vainqueurs comme chez les vaincus, à tel point qu'à un moment donné M. Guibourg, qu'on avait laissé libre de parcourir les diverses chambres de l'étage, songea à profiter de cette émotion universelle pour sauver la Duchesse.

Elle demanda à Joly quel était l'officier supérieur qui commandait les troupes ; celui-ci fit immédiatement préve-

---

(1) Voyez Imbert de Saint-Amand *op. cit.*, VIII, p. 84.

(2) Suite du *Rapport* au ministre de l'Intérieur, page 34 du manuscrit de Joly.

nir le général Dermoncourt, qui était au rez-de-chaussée de
la maison. Le général monta et Joly lui remit la Duchesse ;
elle parut satisfaite d'avoir affaire à un général et pourtant
elle chercha à éviter les regards et se réfugia dans un cabinet noir d'où elle ne sortit que lorsqu'on lui annonça l'arrivée du comte d'Erlon et du Préfet. Dès que le général Dermoncourt se trouva en sa présence, la Duchesse lui dit qu'elle
ne voulait pas être séparée de ses compagnons d'infortune.
« En ce qui me concerne, je vous le promets, Madame,
« répondit Dermoncourt et je suis bien sûr que le général
« d'Erlon fera honneur à ma parole. »

A ce moment, le Préfet entre, le chapeau sur la tête, et
fait un léger salut — « Général, dit la duchesse à Dermon-
« court, quel est cet homme ?

« — Le Préfet de Nantes.

« — A-t-il eu quelque emploi sous la Restauration ?

« — Je crois pouvoir assurer à Votre Altesse Royale
« qu'il n'a eu aucun emploi.

« — J'en suis bien aise. »

Puis c'est le tour du général Drouet d'Erlon qui se
montra respectueux envers l'illustre prisonnière.

« Monsieur le comte, lui dit-elle, je me suis confiée au
« général Dermoncourt. Je vous prierai de me l'accorder
« pour rester auprès de moi. Je lui ai demandé de ne pas
« être séparée de mes malheureux compagnons et il me l'a
« promis en votre nom ; tiendrez-vous sa parole ?

« Madame, repondit d'Erlon, le général Dermoncourt n'a
« rien promis que je ne sois prêt à ratifier et vous ne
« me demanderez rien de ce qui est en mon pouvoir que
« vous ne me trouviez toujours prêt à vous l'accorder
« avec le plus grand empressement. »

Le Préfet Duval rentra à ce moment et demanda les papiers de la Duchesse. Elle lui remit un petit portefeuille blanc qui contenait, disait-elle, sa correspondance.

Joly réunit les autres papiers dans un mouchoir et dans une petite boîte longue et le tout resta confié à l'agent Dubois. Il se fit encore remettre un sac de femme dans lequel il l'avait aperçue glisser plusieurs lettres d'un très petit format ; elle ne le remit pas sans difficulté et enleva vivement une de ces lettres qu'elle remit précipitamment à Mlle de Kersabieck. Celle-ci la déchira après y avoir jeté un rapide coup d'œil et Joly fut contraint d'en réunir les morceaux (1)

A ce moment, on se mit en devoir de quitter la maison des demoiselles du Guiny. D'Erlon et le Préfet Maurice Duval avaient peur d'un soulèvement de la foule, car le bruit de l'arrestation avait déjà circulé en ville et les rues se remplissaient de gens qui poussaient des vociférations. Il fallait donc partir. Le général Dermoncourt s'approcha de la Princesse et lui apprit qu'on allait la transférer au château de Nantes, qui était fort rapproché.

« Général, lui dit Stylite, son Altesse Royale ne peut
« aller à pied.

« — Oh ! madame, reprit le général, ne perdons pas de
« temps ; le château est tout près d'ici ; prenez un manteau
« et suivez-moi. »

« — Allons, dit la Duchesse, il faut bien que je fasse ce
« qu'il veut, puisqu'il répond de moi. Partons, mes amis. »
Et elle prit le bras du général en lui disant : : « Ah ! si
« vous ne m'aviez pas fait une guerre à la saint Laurent,
« vous ne me tiendriez pas à l'heure qu'il est. »

---

(1) Voyez la suite du *Rapport*, note à la page 35 du manuscrit, et Imbert de SAINT-AMAND, *op. cit.* VIII, p. 88.

Joly raconte ces derniers incidents d'une façon un peu différente. Voyant, dit-il que la foule s'amassait autour de la maison et qu'elle poussait des cris de mort contre la Duchesse, il redouta les plus grands malheurs et tint à avertir le Préfet et le comte d'Erlon qu'il y avait lieu de procéder de suite au transfert.

« L'un et l'autre donnèrent le bras à la Duchesse et nous « fîmes de même pour les autres prisonniers. Nous sor- « tîmes donc de cette maison au milieu de la garde nationale « formant une double haie jusqu'au pont-levis du château- « fort qui fut levé tout aussitôt notre arrivée. Quelques « huées et même quelques vociférations menaçantes accom- « pagnèrent les prisonniers dans ce court trajet (1). »

Contre qui ces cris étaient-ils poussés ? C'est ce que nous ne savons pas, mais on peut bien penser d'après l'attitude des autorités que la foule était plutôt favorable à la Duchesse qu'à ceux qui venaient de procéder à son arresta- tion. En tous cas, le doute est au moins permis. Mais assu- rément, Joly se trompe quand il nous montre la Duchesse donnant le bras à d'Erlon, et surtout au Préfet qui venait d'être impoli à son égard et qu'elle avait traité avec une hauteur passablement méprisante. Il est bien plus naturel d'admettre qu'elle s'était confiée au général Dermoncourt entre les mains duquel Joly l'avait remise dès le premier moment et qui lui inspirait une confiance absolue.

Après avoir réuni les papiers de la Duchesse, Joly les remit à l'agent Dubois et lui confia en même temps une somme d'environ trente-quatre mille francs qui fut ensuite

---

(1) Voyez Imbert de SAINT-AMAND, VIII, p. 88. — *Mémoire de Joly au ministre*, p. 36 du manuscrit.

remise par celui-ci, assisté du substitut du procureur du Roi, au receveur général du département, ainsi qu'en témoigne le procès-verbal suivant :

Ce jourd'hui sept novembre mil huit cent trente-deux, nous Silvain Martin, commissaire de police à Nantes, à la réquisition de M. le juge d'instruction du Tribunal civil de Nantes, et en présence de M. Achille Baudot, substitut de M. le procureur du roi et de M. Jean-Baptiste Isidore Dubois, employé attaché au Ministère de l'Intérieur, avons procédé à l'ouverture d'une armoire située dans une chambre du troisième étage de la maison, numéro 3, rue Haute-du-Château, habitée par les demoiselles du Guiny et dans laquelle maison a été arrêtée ce jourd'hui M^me la duchesse de Berry, nous avons trouvé dans ladite armoire restée en la garde d'un gendarme, les valeurs suivantes :

Un sac contenant cent onze pièces quadruples d'Espagne marqué neuf mille francs, ci........................ 9.000 »

Un autre sac contenant treize rouleaux de pièces d'or de vingt francs, pour treize mille francs, ci........... 13.000 »

Cinq sacs de pièces de cinq francs et contenant mille francs chaque, pour cinq mille francs, ci.............. 5.000 »

Un sac contenant trois cent soixante pièces de cinq francs quatre-vingts centimes, pour 2.088 fr ; ci.......... 2.088 »

Deux sacs contenant chacun 200 autres pièces de 5 fr. 80, formant un total de 2.320 fr., ci.................... 2.320 »

Un autre sac contenant 70 pièces de 5 fr. 80. pour 406 fr., ci.. ...................................... 406 »

Un autre sac contenant 180 pièces de 5 fr. et un rouleau de 42 pièces de vingt francs, pour 1.740 francs, ci... 1.740 »

Total............ 33.554 »

Lesquelles valeurs formant un total de trente-trois mille cinq cent cinquante-quatre francs ont été immédiatement transportées à la Recette générale du département de la Loire-Inférieure, pour y être consignées entre les mains de M. de Saint-Didier, receveur général, qui les a reconnues et en a donné décharge.

Les soussignés ajoutent qu'il leur a été remis par le commissaire de police Calbris une somme de deux cent quarante-sept francs quatre-vingts centimes, que la demoiselle du Guiny a déclaré n'être point à elle, mais appartenir à ce qu'elle croit à M. Guibourg, arrêté avec M^me la duchesse de Berry.

Les soussignés observent également que les cent onze pièces dites quadruples d'Espagne dont est mention ci-dessus pour la somme de neuf mille francs, doivent réellement figurer au présent procès-verbal pour neuf mille deux cent soixante-huit francs cinquante centimes, ce qui porte chacune de ces quadruples à quatre-vingt-trois francs cinquante centimes.

Disons encore que sur le nombre de pièces de cinq francs quatre-vingts centimes, il s'en est trouvé une en plus. De tout ce que dessus il résulte que la somme totale trouvée dans la maison numéro trois, ainsi que le reconnaît M. le Receveur général, s'élève à trente quatre mille soixante-seize francs dix centimes.

Nous observons de plus que parmi les valeurs ci-dessus relatées et trouvées dans la cache de M^me la duchesse de Berry, il y avait aussi un cachet en cuivre, ayant cette légende : *Commissaire civil du Roi.*

En foi de quoi, nous avons clos le présent procès-verbal à quatre heures de relevée, immédiatement après la consignation de ladite somme et avons signé avec le Receveur général.

Signé : A. BAUDOT, AMÉ DE SAINT-DIDIER, MARTIN et DUBOIS (1).

Ainsi se termina l'arrestation de la Duchesse. Le ministère, l'administration, la police qui n'avaient pas su exercer une surveillance suffisante autour des maisons appartenant aux légitimistes nantais, qui ne connaissaient point les allées et venues du parti, qui n'avaient eu de renseignements sur la retraite de la fugitive que grâce à une trahison odieuse jusque dans ses moindres détails, en étaient réduits à abandonner la lutte au dernier moment, et nous avons vu les commissaires de police réunis pour dresser un procès-verbal constatant l'inutilité de leurs recherches (2). Comme beaucoup d'événements importants,

----

(1) Pièces annexées au rapport de Joly, page 5r du manuscrit.

(2) Voici le début de ce procès-verbal : « Nous, commissaires de police « soussignés, à l'effet de continuer les opérations par nous commencées, « avons de nouveau procédé à des perquisitions dans toutes les pièces, « armoires, buffets, commodes, secrétaires, tapis, placards, etc., de la

l'arrestation a été due à un fait insignifiant et fortuit en apparence : un gendarme qui s'endort a froid et fait du feu dans la cheminée où se trouvait la cachette. C'est le grain de sable dont parle Pascal, c'est l'infiniment petit qui forme le lien secret entre les événements humains et les desseins de la Providence.

## VI

La Duchesse de Berry et ses compagnons furent installés au château, dans les appartements du colonel d'artillerie Raindre, commandant ce château-fort, où l'on apporta dans la journée des lits et d'autres meubles qui manquaient. On prit également des arrangements avec un traiteur qui se chargea de servir convenablement la table de la Duchesse. Joly fut chargé de sa garde et il reçut comme auxiliaire un officier de gendarmerie mobile nommé Vincent. Un agent de police la servait à table.

M. Guibourg resta toute la journée avec elle et M^{lle} de Kersabieck ; quant au comte de Mesnars, qui était âgé et qui fut pris d'une indisposition grave, il fut logé dans une chambre séparée.

La Duchesse avait été prévenue par le Préfet et le général

---

« maison numéro un où nous n'avons rien trouvé. Rentrés dans la maison « numéro trois, occupée par les demoiselles du Guiny, où étaient réunis « M. le Préfet et M. le général Dermoncourt, nous avons requis un ouvrier « maçon de procéder en notre présence à la démolition de partie d'un mur « auquel est adossée une soupente servant de chambre de domestique... »
Voy. Imbert de SAINT-AMAND, *op. cit.* VIII, p. 82.

d'Erlon que la porte du salon où elle se tenait pendant le jour avec ses amis devait rester constamment ouverte ou tout au moins entr'ouverte, de façon à faciliter la surveillance. Joly remarqua qu'à un moment où tous trois étaient assis et groupés autour de la cheminée, M<sup>lle</sup> de Kersabieck, étant masquée par la Duchesse, s'occupait à coudre quelque chose dans la ceinture du pantalon de M. Guibourg. Il supposa que la Duchesse, peu confiante dans la parole que lui avait donnée le général Dermoncourt qu'elle ne serait pas séparée de son compagnon, chargeait ce dernier, à tout événement, d'un billet pour le faire parvenir à l'extérieur. Joly s'éloigna alors de la porte, se promettant bien, ainsi qu'il le fit au moment de son extraction pour être transférée à la prison de la ville, de faire part de ses soupçons au commissaire central, avec recommandation de faire visiter tous les vêtements et en particulier le pantalon de M. Guibourg, dans lequel il avait tout lieu de penser qu'un billet qu'il avait vu écrire au crayon par la Duchesse, sur une feuille déchirée d'un petit portefeuille appelé « souvenir », pouvait avoir été cousu ou caché. « Mon départ, « ajoute Joly, eut lieu dans la nuit du lendemain et ne me « donna pas le temps de m'assurer si cette recherche avait « été faite et avait produit un résultat (1). »

De tout ce que raconte le policier, il faut, suivant l'expression vulgaire, en prendre et en laisser. Il nous paraît, en somme, se vanter beaucoup dans son récit. Nous le voyons constamment donner des ordres, prendre des mesures importantes, signaler à l'administration des choses capitales, mais tout cela n'aboutit presque jamais et sem-

---

(1) Suite du Rapport, note en marge de la page 37 du manuscrit.

ble n'avoir jamais existé que dans son imagination. Si Joly
a eu incontestablement la direction des recherches pour
arriver à l'arrestation de la Duchesse, les faits postérieurs
ont tout naturellement été du ressort de l'administration
supérieure ou des officiers de police judiciaire, suivant les
cas, et Joly est passé à l'état de sous-ordre.

Dans la soirée du jour de l'arrestation, M. Guibourg fut
extrait de sa chambre, sur la réclamation du procureur du
Roi, pour être conduit à la prison de la ville. Cet incident
irrita beaucoup la Duchesse, et elle s'en prit au général
Dermoncourt, qu'elle accusa de duplicité et à qui elle repro-
cha de déshonorer son caractère en ne lui tenant pas la
promesse qu'il lui avait faite quelques heures auparavant
de ne pas la séparer de ses compagnons.

Le général Dermoncourt, qui a publié ses conversations
avec la Duchesse, nous fait connaître ces scènes avec plus
de détails. Voici tout d'abord celle relative à l'éloignement
du comte de Mesnars qui, comme nous l'avons vu, était
logé dans une pièce absolument séparée. Le général venait
de déclarer à la Duchesse qu'il se tenait à ses ordres et
venait de quitter l'appartement quand elle le fit brusquement rappeler. Il retourna de suite auprès d'elle.

« — Ah ! monsieur, c'est comme cela que vous com-
« mencez ; c'est ainsi que vous tenez vos promesses. Cela
« promet pour l'avenir.

— « Qu'y a-t-il donc, madame ?

« — Il y a que vous m'aviez promis de ne me séparer
« d'aucun de mes compagnons, et voilà que vous débu-
« tez en mettant Mesnars dans un autre corps de logis
« que le mien.

« — Madame est dans l'erreur. M. de Mesnars est dans
« un autre corps de logis, il est vrai, mais la tour qu'ha-
« bite Madame tient à son appartement.

« — Si cela est ainsi, allons-y, monsieur, je veux voir ce
« pauvre Mesnars à l'instant.

« — Est-ce que Madame ne se souvient plus qu'elle est
aux arrêts ?

« — Ah ! c'est vrai, je me croyais encore dans un châ-
« teau, tandis que je suis dans une prison. »

La Duchessse avait eu des illusions jusque-là. « Se
« trouvant, dit M. Guibourg en sa *Relation*, dans ce château
« qui avait vu le mariage si heureux d'Anne de Bretagne et
« de Louis XII, elle était là comme aux Tuileries. Il sem-
« ble qu'elle n'avait que des gardes d'honneur empressés
« à lui obéir. » L'histoire de la monarchie était écrite, pour
ainsi dire, sur les murs et dans les chambres de ce château
qu'avaient visité Louis XI, Louis XII, François I$^{er}$,
Charles IX, Henri IV et Louis XIV. Elle se retrouvait elle-
même dans ces lieux qu'elle avait parcourus en 1828, au
milieu des vivats et de l'enthousiasme de la population.
Hélas ! tout était bien changé. Le château était devenu une
prison, et ces généraux, ces officiers, ces fonctionnaires
n'étaient pas des chambellans, mais des geôliers.

Le soir, la Duchesse dîna avec M$^{lle}$ Stylite de Kersabieck
et M. Guibourg. Le comte de Mesnars était trop malade
pour paraître au repas. M. Guibourg gagna sa chambre
vers neuf heures, en méditant sur les vicissitudes de la fortune, en songeant que la Duchesse avait été arrêtée le 7
novembre par le gouvernement de Louis-Philippe et que,
le 7 novembre, Philippe-Egalité avait porté sa tête sur

l'échafaud. Il espérait revoir la Duchesse le lendemain, mais il fut presque aussitôt arrêté et conduit à la prison de la ville, où se trouvaient déjà les demoiselles du Guiny, accusées d'avoir donné l'hospitalité à la Duchesse. Du fond de leur prison, elles écrivirent au comte d'Erlon pour obtenir de lui l'autorisation de la voir. Voici leur lettre :

> Monsieur le général,
>
> Nous vous supplions de nous accorder la grâce la plus précieuse pour nous ; permettez-nous de passer une journée auprès de Son Altesse Royale Madame. Nous devons à notre devoir, nous devons surtout à notre cœur de remercier Madame de la marque de la confiance qu'elle nous a faite en venant prendre asile dans notre maison.
>
> Agréez, etc.
>
> PAULINE DU GUINY.
> MARIE-LOUISE DU GUINY.

Et voici la lettre touchante que la femme de chambre Moreau avait pliée dans celle qui précède :

> Si Madame n'en trouve pas indigne une pauvre femme de chambre qui l'a servie de tout son cœur, je demande la même grâce que mes maîtresses.
>
> CHARLOTTE MOREAU.

Le lendemain, 8 novembre, sur la demande de la Duchesse, le général d'Erlon accompagna dans son appartement les trois demoiselles de Kersabieck et M^me de Charette. La visite de ces dames, autorisée à la condition que la porte de la chambre resterait ouverte et que d'Erlon y serait présent, dura environ une heure et fut très touchante.

Au moment du déjeuner, nouvelle colère de la Duchesse à qui l'on dut avouer que M. Guibourg avait été interné la veille dans son ancienne prison.

« — Ah ! c'est comme cela, monsieur ! dit-elle au général Dermoncourt. Je ne l'aurais jamais cru. Vous m'avez trompée, et indignement.

« — Qu'avez-vous donc encore, Madame ?

« — J'ai que Guibourg a été enlevé cette nuit et conduit
« en prison, malgré la promesse que vous m'aviez faite
« de ne pas me séparer de mes compagnons d'infortune.

« — M. le comte d'Erlon n'a cru devoir comprendre par
« ces paroles, *vos compagnons d'infortune*, que ceux qui
« ont partagé vos fatigues et vos dangers, M$^{lle}$ de Kersabieck
« et M. de Mesnars. Aussi n'avez-vous été séparée ni de
« l'une ni de l'autre. Vous voyez bien, Madame, que M.
« le général d'Erlon ni moi n'avons manqué à la parole
« que nous avions donnée à Votre Altesse (1).

« — Mais, au moins, pourquoi ne m'avoir point prévenue ?

« — Je n'ai encore de ce côté aucun reproche à me faire,
« puisqu'en autorisant M. Guibourg à dîner avec vous, j'ai
« ajouté ces paroles: *D'autant plus que ce sera probablement*
« *le dernier repas qu'il aura l'honneur de faire avec Votre*
« *Altesse.*

« — Je n'ai point entendu cela.

« — Le général l'a cependant dit, Madame, murmura
« doucement M$^{lle}$ Stylite de Kersabieck.

« — Mais pourquoi ne pas s'être expliqué d'une manière
« plus claire ?

---

(1) L'explication du général Dermoncourt est embarrassée et peu digne
d'un soldat. Est-ce que M. Guibourg n'était pas dans le même cas que M. de
Mesnars ? Il semble que la conversation que raconte le général et que nous
reproduisons d'après lui a surtout pour but de plaider les circonstances
atténuantes en faveur de la conduite du comte d'Erlon et de dégager la
parole qu'il avait personnellement donnée à la Duchesse au moment de son
arrestation.

« — Parce que Votre Altesse avait déjà éprouvé tant de
« secousses dans la journée, que je voulais lui conserver
« au moins une bonne nuit et que je savais qu'elle ne pour-
« rait dormir si elle était informée que, pendant son som-
« meil, on devait transférer M. Guibourg en prison.

« — Et vous, Stylite, pourquoi ne m'avez-vous rien dit,
« puisque vous aviez compris les paroles du général ?

« — Pour la même raison que le général, Madame.

« — Oh ! si vous vous mettez tous contre moi ! D'ail-
« leurs, j'en ai assez de la guerre (1). »

Et elle tendit la main au général qui, très ému, se con-
fondit en protestations de respect et de dévouement. La
conversation prit ensuite un caractère politique et la
Duchesse expliqua à Dermoncourt les motifs pour lesquels
elle n'avait pas renoncé à la lutte après les combats du
Chêne et de la Pénissière. Elle n'avait pas voulu abandonner ceux qui s'étaient dévoués pour elle, et surtout pour
éviter des complications diplomatiques entre la France
d'un côté et la Russie, la Prusse et l'Espagne qui n'auraient
pas manqué de la réclamer aussitôt prisonnière du gouvernement de Louis-Philippe. Une guerre aurait pu avoir lieu
et elle ne voulait pas être la cause ou le prétexte d'une
nouvelle invasion qui aurait pu amener le morcellement de
la France. Elle s'était trompée en croyant qu'à son débarquement en Provence, le peuple se serait soulevé pour elle
et pour son fils et qu'elle aurait fait sur Paris un voyage
triomphant comme celui de Napoléon au retour de l'île
d'Elbe. Aussi, dès que les combats du Chêne et de la Pénis-

---

(1) *La Vendée et Madame*, page 311 et suite.

sière lui eurent montré que sa cause était perdue, elle avait ordonné à ses partisans de rentrer chez eux (1).

Il en est de la fin comme du commencement de cette conversation. Le général Dermoncourt, qui semble avoir été une nature droite et généreuse, devait être humilié du rôle qu'on lui faisait jouer et, dans son désir de se justifier, il a bien pu, non pas inventer le dialogue de toutes pièces, mais y insérer quelques phrases qui ressemblent plus à des arguments de discussion qu'à des fragments de conversation (2).

---

(1) *La Vendée et Madame*, p. 316-318.

(2) Cf. Imbert de SAINT-AMAND, *op. cit.*, pages 90 à 101 ; suite du *Mémoire* de Joly, pages 37 à 39 de son manuscrit. On a vu, au courant de ce chapitre, quel a été le dévouement de M. Guibourg à l'égard de la Duchesse de Berry, M. Imbert de Saint-Amand, qui a raconté l'arrestation de la Duchesse d'après la brochure intitulée *L'Arrestation fidèle et détaillée de S. A. R. Madame, Duchesse de Berry*, écrite en prison par M. Guibourg et publiée par lui à Nantes en 1832, a eu l'honneur d'être reçu, en 1888, par le noble patriarche, dans sa vieille maison de Saint-Servan et a entendu de sa bouche le récit de l'arrestation. Nous avions pensé que ce vétéran de la cause royaliste était l'aïeul de M. Guibourg de Luzinais, le vaillant sénateur de la Loire-Inférieure. Celui-ci a bien voulu nous répondre par une lettre que nous publions avec plaisir, car elle donne un détail intéressant sur M. Guibourg à qui ses compatriotes avaient, en quelque sorte, donné une récompense nationale en l'appelant *Guibourg-Berry :*

« Nantes, le 14 juillet 1897.

« Effectivement, M. Guibourg a été d'un dévouement admirable lors de « l'arrestation de Madame la Duchesse de Berry ; aussi, pour le désigner, il « est rare que dans notre pays on ne dise pas M. Guibourg-Berry. Sa famille « et la mienne ont une origine commune, mais cela remonte loin et comme, « en 1832, mes parents n'habitaient pas le département, je ne retrouve pas « trace de rapports avec M. Guibourg-Berry. J'ai ainsi le regret de ne posséder « aucun document particulier à vous communiquer ; autrement, je me serais « fait un plaisir de vous l'adresser.

« Veuillez, Monsieur, agréer l'expression de mes sentiments très distingués.

« GUIBOURG DE LUZINAIS,
« *Sénateur.* »

# VII

L'après-midi du 8 novembre fut employée par la Duchesse à ses préparatifs de départ, car, si elle ignorait le lieu désigné pour sa détention, elle savait bien qu'elle allait quitter le château de Nantes. « Ici, je suis trop près des émeutes, disait-elle. » Après avoir entassé dans ses malles tous les effets d'habillement qu'elle avait à sa disposition — parmi lesquels, dit Joly, se trouvaient des déguisements peu analogues à son rang, — elle se mit en devoir de les fermer, mais elles étaient trop pleines et ce furent Joly et l'officier de gendarmerie qui procédèrent à cette opération, avec l'aide de Mlle de Kersabieck.

Vers trois heures du matin, dans la nuit du huit au neuf novembre, le colonel Simon Laurière, commandant la place de Nantes, vint donner à Joly l'ordre de réveiller la Duchesse ; celui-ci frappa quelques coups à sa porte en lui annonçant l'ordre de son départ. A trois heures et demie, la Duchesse et Mlle de Kersabieck étaient prêtes à partir. On fit transporter d'abord les bagages de la Duchesse, de sa compagne, du comte de Mesnars, de Joly et de la femme de chambre Mathilde Lebeschu jusqu'à bord du brick la *Capricieuse* (1). Le colonel Chousserie avait proposé de faire le trajet jusqu'à Saint-Nazaire par voie de terre ; mais

---

(1) M. Imbert de Saint-Amand dit que le départ fut si brusque que la duchesse de Berry ne put emporter que quelques effets dans un mouchoir et que ses compagnons n'avaient pas de bagages (Ch. X, p. 105). Ce récit est opposé à celui de Joly que nous admettons comme plus vraisemblable.

le Préfet, qui tenait surtout à éviter toutes les difficultés possibles au point de vue d'une évasion ou d'un enlèvement de sa prisonnière, décida que le trajet se ferait par mer. On alla donc rapidement du château jusqu'au navire au milieu d'une double haie de gardes nationaux et d'infanterie de ligne, dans des fiacres qui attendaient à la porte. En dix minutes, on était arrivé et le navire prit le large, ayant à son bord un fort détachement de gendarmerie. En outre, les prisonniers y trouvèrent MM. Polo, adjoint au maire de Nantes ; Robineau de Bougon, colonel de la garde nationale ; Rocher, porte-drapeau de l'escadron d'artillerie de la garde nationale ; Chousserie, colonel de gendarmerie ; Petit-Pierre, adjudant de la place, et Joly. Le bateau fit en quatre heures le trajet de Nantes à Saint-Nazaire et à huit heures du matin, il arriva en vue du brick la *Capricieuse*, commandé par le capitaine Molier et qui se tenait dans la petite rade.

Au moment de quitter la terre ferme, la Duchesse de Berry exprima le désir de voir M. Guibourg pour lui dire adieu. On lui refusa cette faveur, et alors elle remit à M. Polo un billet pour M. Guibourg. Il est ainsi conçu :

J'ai réclamé mon ancien prisonnier, et l'on va écrire pour cela. Dieu nous aidera et nous nous reverrons. Amitié à tous nos amis. Dieu les garde ! Courage, confiance en lui. Sainte-Anne est notre patronne à nous autres Bretons (1).

La *Capricieuse* était un assez bon navire, et le capitaine un marin expérimenté ; mais l'équipage était composé de jeunes marins sachant à peine manœuvrer et il y avait

---

(1) Reproduit par le général Dermoncourt, *l. c.*, p. 322.

lieu de redouter la traversée de Nantes à Blaye avec un mauvais temps et des vents contraires. Toute la journée fut employée à prendre les dispositions nécessaires pour installer convenablement la Duchesse et ses compagnons. Puis le Préfet et le comte d'Erlon lui présentèrent leurs derniers hommages et reprirent le bateau à vapeur qui les avait conduits à la *Capricieuse* (1).

Le temps était tellement mauvais que le capitaine Molier fut obligé à plusieurs reprises de prendre la haute mer, ce qu'il fit aussi bien dans la crainte d'une attaque que parce qu'il aurait plus de facilité à profiter d'un vent favorable, le cas échéant. On resta à ce mouillage de grande rade toute la journée du lendemain, sans espoir de prendre la mer à cause des vents debout continuels. Dès qu'on eut gagné la pleine mer, le service se fit à bord en branle-bas général de combat, avec canons chargés, mèche allumée. Dans la matinée, la sentinelle placée sur le gaillard d'arrière héla une embarcation qui se dirigeait vers le navire et lui cria au large. Mais elle était déjà assez près de la *Capricieuse* pour que Joly ait pu reconnaître qu'elle portait à son bord ce capitaine Gillet, commandant de l'*Africaine*, avec lequel il avait dîné à l'hôtel Saint-Julien, à Paimbœuf, et qui était soupçonné de vouloir enlever la Duchesse. En effet, celle-ci et M^lle Stylite de Kersabieck qui se trouvaient en ce moment sur le pont — ce qui était rare, à cause du mal de mer — montèrent précipitamment sur le banc de quart pour voir Gillet et lui parler. Celui-ci était déjà debout et le chapeau à la main ; il salua la Duchesse et lui adressa dans son porte-voix les paroles suivantes : « On

_____

(1) Pages 39 et 40 du manuscrit de Joly.

« m'a fait l'honneur, Madame, de me croire chargé de la
« mission de vous sauver. Dieu veuille qu'il en eût été
« ainsi ; j'aimerais mieux vous voir à mon bord, tel danger
« qui puisse en résulter pour moi, que de vous voir où
« vous êtes. Du courage, c'est l'instant, Madame ; tout n'est
« pas perdu. » Ce petit discours fut interrompu par l'arrivée du capitaine Molier qui cria d'une voix forte : « Au
large ! Au large ! » et qui fit pointer un canon sur l'embarcation. La Duchesse ne put faire qu'un signe et Gillet
s'éloigna (1).

Les vents continuèrent à être contraires pendant toute la
journée, et ils devinrent même si violents que le capitaine
ne crut pas prudent de passer la nuit en pleine rade. Le
lendemain, le commandant Le Blanc, qui était arrivé à
Saint-Nazaire sur un bateau à vapeur destiné à remorquer
la *Capricieuse* et qui avait pris le commandement supérieur
de la station de l'embouchure de la Loire, tira le brick au
large avec beaucoup de difficultés, mais le temps changea
peu après et le vent, quoique mou, fut assez favorable pour
le pousser en vue de Belle-Isle ; puis il redevint mauvais
et le força à prendre de nouveau le large et à s'éloigner
d'environ cinquante lieues.

« — Dites-moi, M. Joly, s'écria à ce propos la Duchesse
« en souriant, si nous allions être obligés de relâcher, ou si
« nous étions jetés sur les côtes de Portugal, comment vous
« arrangeriez-vous avec don Miguel ?
« — J'ai fait mon devoir avec tous les égards que je
« vous dois. Je me confierais donc à Votre Altesse qui inter-

---

(1) Page 41 du manuscrit.

« céderait pour moi auprès de ce monarque dont j'aurais
« alors tout à espérer. »

Nous trouvons à cet endroit du rapport de Joly (1) une
note singulière et qui pourrait bien avoir été ajoutée après
coup : « Quelques instants auparavant, dit-il, je m'entre-
« tenais avec M^lle de Kersabieck de la violence du mal de
« mer dont M^me la Duchesse se trouvait attaquée, ajoutant
« que les efforts que ce mal lui faisait faire devaient être
« ressentis bien douloureusement dans un corps d'aussi
« faible complexion. — Oui, me répondit M^lle Kersabieck,
« d'autant plus que M^me la Duchesse a la santé dérangée
« par une *indisposition* qui date de plus de deux mois. Je
« cherchai à étendre encore la conversation sur ce sujet,
« mais infructueusement ; je crus même m'apercevoir que
« M^lle Kersabieck avait reconnu qu'elle m'avait fait bien
« légèrement cette confidence et je ne la poussai pas plus
« loin. » Et Joly ajoute de sa main et d'une écriture plus
récente :

« *Nota*. L'aveu de la grossesse de M^me la duchesse de
« Berry fait, écrit et signé par elle, le 23 février 1833, à son
« médecin, M. Gintrac, de Bordeaux, au Curé, appelés le
« même jour à la citadelle, aveu fait en présence du général
« Bugeaud et du docteur Menière, de Paris, explique la
« réflexion de M^lle Kersabieck et la rupture de sa conver-
« sation sur ce sujet avec moi. »

Cette confidence de M^lle de Kersabieck, en admettant
qu'elle-même ait été au courant de la chose, faite au commissaire de police chargé de surveiller la Duchesse et de

---

(1) Page 42 de son manuscrit.

rapporter au ministre de l'Intérieur ses moindres faits et gestes, nous semble improbable. Joly aura voulu, une fois de plus, se donner de l'importance en faisant le prophète après coup. Son assertion nous paraît d'autant plus suspecte qu'il ne rapporte pas exactement la déclaration faite le 22 février 1833 par la Duchesse de Berry (et non le 23) à Bugeaud *seul*, au sujet de son mariage secret et non de sa grossesse. Voici la déclaration :

### Déclaration de Marie-Caroline, duchesse de Berry

Pressée par les circonstances et les mesures du gouvernement, quoique j'eusse les motifs les plus graves pour tenir mon mariage secret, je crois me devoir à moi-même, ainsi qu'à mes enfants, de déclarer m'être mariée secrètement pendant mon séjour en Italie.
De la citadelle de Blaye, ce 22 février 1833.

MARIE-CAROLINE (1).

Le 26 février, le *Moniteur* publiait le document qui fut déposé aux archives de la chancellerie. La Duchesse n'a jamais avoué sa grossesse, par une déclaration officielle, à personne, — ni au curé, ni au docteur Menière, ni au docteur Gintrac qui vint la voir le lendemain.

Revenons à notre récit.

Enfin, le troisième jour, après une bonne route, on aperçut un bateau-pilote qui venait à la rencontre du brick ; en quelques heures, ce pilote fut à bord et annonça qu'on se trouvait alors à douze ou quinze lieues de l'entrée de la Gironde. Les vents redevinrent contraires et violents, le commandant Le Blanc, qui était monté à bord de la *Capri-*

---

(1) Cette déclaration est rapportée par M. Imbert de Saint-Amand, p. 247.

*cieuse* depuis Nantes et avait pris le commandement de ce navire, s'entendit avec le colonel Chousserie pour expédier par le retour du bateau-pilote un officier porteur d'une dépêche au général Janin, par laquelle on demandait sans délai un bateau à vapeur pour remorquer la *Capricieuse* ou pour y embarquer son équipage et ses passagers.

Le pilote, resté à bord, prit le commandement des manœuvres et les fit exécuter par l'entremise du capitaine Molier. Dans la soirée, on aperçut la tour de Cordouan et on vint mouiller à bonne anse. Le lendemain, bien avant le jour, on leva l'ancre et on courut quelques bordées sans faire beaucoup de chemin ; on ne put doubler la tour. La nuit fut sombre et brumeuse et le pilote, qui était vieux et avait mauvaise vue, se trompa de feu et mit le navire en danger. Le capitaine Molier lui adressa plusieurs questions auxquelles il répondit en balbutiant. Devant cette hésitation et voyant que la mer devenait plus agitée et plus bruyante, le capitaine se douta que l'on courait sur terre et qu'on approchait d'un récif ; il ordonna vivement à l'équipage de s'arrêter et de virer de bord. Il était temps, car on reconnut, après avoir jeté le loch en avant et consulté la carte, qu'à deux longueurs au plus, le bâtiment se jetait sur des récifs qui n'étaient recouverts que de huit pieds d'eau, tandis qu'il en calait quatorze.

Le pilote ne pouvait parvenir à reconnaître les passes où on se trouvait ; le capitaine, qui n'avait plus confiance en lui, prit la résolution de mouiller. Il eut encore le désagrément de choisir, sur l'indication du pilote, un mauvais mouillage ; le navire chassa sur sa première ancre et on fut obligé de filer soixante brasses de chaîne et de jeter la seconde ancre. Celle-ci tint bon et au jour on aperçut le bateau à vapeur qui venait à la rencontre de la *Capricieuse*. On envoya chercher à son bord le capitaine de ce bateau et on lui demanda s'il ne pouvait remorquer le brick. Il objecta que la violence des vents contraires rendait cette mesure impossible et qu'il n'y avait d'autre parti à prendre que de s'embarquer sur son navire. On prit donc toutes les mesures nécessaires. On mit d'abord le canot et la chaloupe à la mer qui était fort agitée. Une chaloupe des douanes qui croisait sur la côte fut invitée à accoster le navire pour recevoir les malles et les bagages des passagers, ce qu'elle fit non sans danger d'avaries. Joly et la députation de Nantes, composée comme nous l'avons dit plus haut, montèrent dans la chaloupe et, malgré l'agitation de la mer, firent heureusement la traversée jusqu'au bateau à vapeur. Immédiatement, les prisonniers s'embarquèrent dans le canot sous l'escorte du colonel Chousserie et du commandant Le Blanc. Ils éprouvèrent un danger réel, car cet officier qui tenait la barre du gouvernail et qui était moins attentif à la manœuvre qu'à la conversation de la Duchesse fut surpris par une forte lame qui poussa le canot en travers. Il aurait chaviré si une manœuvre aussi prompte qu'habile ne l'avait remis debout à la lame. Il n'en fut pas moins inondé. La Duchesse montra dans cette circonstance beaucoup de courage et de sang-froid ; elle rassura tout le monde, et voyant que le capitaine était très inquiet, elle s'écria : « Mon Dieu, capitaine, mourir ici, mourir ailleurs, ce n'est toujours que mourir ! » Il n'en fut pas de même de M<sup>lle</sup> Stylite de Kersabieck qui resta constamment abattue pendant cette traversée. La Duchesse relevait son courage en termes pleins de bonté et de bonne humeur ; aussi le commandant, rempli d'admiration pour sa vaillante conduite, calmait les cris de terreur de M^{lle} Stylite en lui disant : « Calmez-vous, mademoiselle, prenez exemple sur « la tranquillité de Son Altesse Royale. » Il fallut ensuite aborder le bateau à vapeur, ce qui fut plein de difficultés parce que le canot était ballotté par les vagues. Enfin, tout se termina sans accident et les passagers, remis de leurs émotions, firent très bon accueil à un excellent déjeuner qui, dit Joly, leur fut immédiatement servi sur le *Bordelais*.

Dans le pénible trajet du bateau à vapeur jusqu'à Blaye, par un temps sombre et brumeux, la Duchesse et ses compagnons se montrèrent tristes et soucieux. Elle parut à peine sur le pont du navire et, le soir, quand elle entendit héler une embarcation qui venait à la rencontre du bateau ; quand elle sut qu'elle était montée par le général Janin et les autorités de Blaye, elle tressaillit et pâlit. L'embarcation accosta et le colonel Chousserie reçut à bord le général et les autorités qui l'accompagnaient. Ils descendirent ensemble dans la chambre du bateau et le colonel les présenta à la Duchesse. Le général Janin s'exprima ainsi :

« Je vous apporte, Madame, la protection due au malheur « et j'ai l'honneur de vous présenter les autorités civiles et « militaires de Blaye. »

La Duchesse lui répondit :

« Je suis persuadée, général, que vous ferez tout votre « devoir aujourd'hui comme vous l'avez fait dans un autre « temps (1). »

---

(1) Pages 42 à 46 du manuscrit.

# VIII

Aussitôt que le bateau à vapeur eut mouillé, on fit accoster le canot qui devait recevoir les passagers. Le général Janin y descendit le premier, puis ce fut le tour des prisonniers, du colonel Chousserie et de Joly. Embarrassée pour descendre, la Duchesse remit à celui-ci son sac de voyage qu'elle ne quittait jamais, en lui disant : « Tenez, « M. Joly, je vous confie mon sac, vous me le rendrez « quand je serai à terre. Ayez-en bien soin ; vous savez « qu'il renferme le portrait de mon fils et plusieurs choses « auxquelles j'attache le plus grand prix. » Dès qu'elle fut montée en voiture pour se rendre à la citadelle de Blaye, Joly lui remit son sac de voyage.

Une double haie composée de la ligne (1) et de la garde nationale s'étendait depuis la plage jusqu'aux portes de la citadelle. « C'est au milieu de cette haie, dit Joly, que nous « nous y dirigeâmes ; le temps affreux, la profonde obscu- « rité de la nuit, le silence de tout ce qui nous entourait et « qui n'était troublé que par le bruit des armes, le passage « du guichet et du pont-levis de la citadelle, tout enfin « avait effacé en nous toute espèce de gaieté et de bonne « humeur (2). »

La Duchesse avait d'autres motifs pour être triste. Ce

---

(1) Deux bataillons, l'un du 48ᵉ et l'autre du 64ᵉ de ligne.
(2) Joly, page 47 de son manuscrit.

n'était pas la première fois, en effet, qu'elle venait à Blaye.
Elle y était entrée triomphalement, le 13 juillet 1828, à
8 heures du soir, au milieu des vivats d'une population
nombreuse accourue des communes voisines. Reçue par le
Maire qui lui fit un discours, par le Conseil municipal et les
fonctionnaires de la ville, elle avait vu sa calèche couverte
de bouquets. Parmi les autorités locales figuraient le général baron Janin, le Préfet, le commissaire général de la
marine, le clergé, la bourgeoisie. Et aujourd'hui, elle y
venait en prisonnière ; après avoir fait le voyage sur le
même bateau qu'à l'époque des jours heureux, elle était
reçue par le même général Janin qui se conduisait à son
égard avec tout le respect, toute la déférence que méritait
son malheur. Le sous-préfet de Blaye, M. Randouin, montra
également beaucoup de courtoisie et il adressa à la population une proclamation qui fait grand honneur à son
caractère :

« Le service de la garde nationale, lit-on dans cette
« proclamation, va être repris et continué avec la ponctua-
« lité militaire. Nous rivaliserons de zèle avec nos frères
« de la ligne, dont les sympathies sont les nôtres, pour la
« garde de l'important dépôt remis entre nos mains ; et si
« nous sommes appelés comme eux en présence d'une
« grande infortune, nous saurons, à leur exemple, contenir
« nos sentiments patriotiques et nous n'oublierons pas que
« le respect dû au malheur fait partie intégrante de l'hon-
« neur national (1). »

Nous voilà loin des procédés cauteleux du pair de France

---

(1) Imbert de SAINT-AMAND, *loc. cit.* XI, page 120.

Duval, préfet de la Loire-Inférieure ; mais ces bons procédés ne pouvaient empêcher la prisonnière de faire, à Blaye comme à Nantes, de tristes réflexions sur le retour des événements humains.

Le Sous-Préfet permit à la Duchesse de voir ses amis, la baronne de Damas, M. de Lur-Saluces, M. de Dampierre, M. de Saint-Aulaire, Mme de Casteja, et loin de prendre des mesures de rigueur à l'encontre de Mme de Damas qui, loin de la citadelle envoyait des salutations à la Duchesse, il fit remettre une longue-vue à celle-ci pour qu'elle pût répondre aux signes qui lui étaient adressés.

On arriva aux appartements destinés à la Duchesse et à ses compagnons de captivité. Elle les parcourut en détail, s'occupa un peu de sa toilette, remercia la députation de Nantes des égards qu'elle en avait reçus et demanda son dîner. Tout le monde officiel quitta alors la citadelle pour aller dîner à la Sous-Préfecture. Le colonel Chousserie y resta seul, car il ne s'y trouvait encore qu'une chambre et un lit de disponibles. Joly n'y fut installé que quelques jours après, mais il y passait toute la journée dans le logement du rez-de-chaussée des appartements de la Duchesse, considéré, à cause de sa position, comme le poste de la plus grande confiance. Il coucha dans ce logement pendant tout le temps qu'il resta dans la citadelle, c'est-à-dire jusqu'au trente novembre qu'il partit pour Paris. « Ce départ fut « provoqué, dit-il, par les tracasseries injustes et la jalousie « du colonel Chousserie qui venait d'être nommé comman- « dant supérieur de la citadelle et voulait m'interdire toute « autorité et me priver de mes moyens de surveillance (1). »

---

(1) Page 48 du manuscrit de Joly.

A Paris, il vit le Ministre qui le nomma commissaire spécial de la ville et de l'arrondissement de Blaye. Estima-t-il que la récompense était mince pour les services qu'il avait rendus au Gouvernement ? Pensa-t-il, comme il le dit dans ses rapports, qu'il y avait impossibilité d'un contact paisible entre l'autorité civile et le pouvoir absolu du commandant supérieur de la citadelle ? Toujours est-il qu'il chercha à modifier l'opinion du Ministre, mais celui-ci ne voulut rien entendre et il lui donna l'ordre de partir pour Blaye dans les quarante-huit heures. Joly obéit. Il arriva à son poste porteur, dit-il, de nouvelles instructions approuvées par le maréchal Soult, président du Conseil et Ministre de la guerre, et qui avaient déjà été communiquées au colonel Chousserie. Ces instructions établissaient un service civil identique au service militaire établi par ce dernier. Aussi, comme Joly l'avait prévu dans un rapport que nous allons analyser, l'exécution de ces instructions fut suspendue de la propre autorité du colonel Chousserie. Joly insista tout d'abord pour prendre immédiatement possession de son poste dans la lettre suivante qu'il adressa au commandant de la citadelle :

« Blaye, le 23 décembre 1832.

« J'ai l'honneur de vous informer de mon arrivée à Blaye,
« porteur d'ordres et d'instructions de M. le Ministre de
« l'Intérieur, qui m'obligent à vous demander une instal-
« lation immédiate à la citadelle. Si, contrairement à ces
« instructions, des circonstances ou des motifs qui vous
« paraîtraient péremptoires vous faisaient décider, même
« d'un jour, l'ajournement de mon installation, je vous
« prierais dans ce cas, Monsieur le Colonel, d'avoir la bonté

« de m'en faire connaître officiellement la décision motivée
« que je transmettrai de suite au Ministre.

« Croyez bien, Monsieur le Colonel, que dans cette
« démarche je n'ai d'autre but que de me conformer scru-
« puleusement aux ordres que j'ai reçus de M. le Ministre.

« Agréez, etc... »

Le Colonel éluda l'obligation de donner à Joly un refus
écrit et motivé de l'installer dans ses fonctions, en répon-
dant qu'il venait de soumettre au Ministre des observations
sur cet incident etque les choses resteraient dans le *statu-
quo* jusqu'à ce que la réponse lui soit parvenue.

Là-dessus, craignant sans doute l'effet que produirait au
Ministère le rapport du colonel Chousserie, Joly envoya
de son côté un rapport qu'il intitule : *Observations géné-
rales de M. Joly, commissaire spécial, adressées à M. le
Ministre de l'Intérieur, relativement au service de la
citadelle de Blaye, à l'époque où ce fonctionnaire habitait
cette citadelle* (1).

Tout se régit militairement dans cette citadelle, disait-il,
mais ce régime militaire n'est pas très sûr. La priorité dont
il est investi ne permet, d'ailleurs, aucune combinaison de
service avec une autre autorité. De plus, les dispositions
personnelles du commandant supérieur de cette citadelle
sont tout à fait opposées à cette fusion des pouvoirs. La
surveillance établie n'est donc rien moins qu'infaillible,
puisqu'elle ne subit que son propre contrôle. Il existe
cependant trois branches spéciales de surveillance. La première embrasse celle du service de la garnison confié dans

---

(1) Ce rapport figure au manuscrit de Joly, sous les pages 53 à 59.

tous ses détails d'exécution au chef de bataillon Delor, commandant la citadelle sous les ordres du commandant supérieur. La deuxième est celle de l'intérieur du corps de logis où sont renfermés les prisonniers ; elle est confiée à M. Fontalbe, lieutenant de gendarmerie en résidence ordinaire à Blaye, qui est lui-même enfermé pendant la nuit, au moyen d'un cadenas placé à l'extérieur, dont le commandant Delor garde la clef, ainsi que celles des portes de la citadelle. La troisième est celle de Joly qui occupait, comme nous l'avons dit plus haut, tout le rez-de-chaussée des appartements de la Duchesse de Berry et dont les dispositions ne permettaient pas à celle-ci de faire le moindre mouvement sans être entendue. Ce poste doit toujours être occupé par un fonctionnaire qui inspire une confiance absolue à l'Administration, car c'est par ce point que la Duchesse pourrait le plus facilement établir une correspondance avec l'extérieur, ou organiser une évasion.

Les dispositions du service de table offraient de graves inconvénients. Les gens employés à ce service, qui communiquaient constamment avec l'extérieur, pouvaient transmettre par l'intermédiaire du valet de chambre les lettres qu'ils avaient reçues du dehors, d'autant mieux que le chef de ce service, nommé Gabaud, était le père du propriétaire de l'*Hôtel de l'Union* où étaient descendus M<sup>me</sup> de Casteja et plusieurs autres légitimistes. D'après Joly, le mode d'un système de bouche à l'instar de celui du château de Ham était le seul qui convînt à la citadelle de Blaye.

« Le commandant supérieur ordonne tout, ajoutait-il, mais les dispositions de son installation dans la citadelle ne lui permettent pas de contrôler personnellement l'exécution de ses ordres. » Il pouvait bien exercer une surveillance d'ensemble, mais si la trahison était venue se glisser dans l'une des trois personnes dont il a été parlé ci-dessus, il lui aurait été difficile d'en découvrir quelque chose en temps utile, à cause de l'éloignement qui existait entre ses appartements et le corps de logis où étaient renfermés les prisonniers, sans compter la difficulté de communications fréquentes entre les surveillants et un officier âgé et couvert de blessures comme le colonel Chousserie. L'arme de la gendarmerie à laquelle appartenait le commandant supérieur aurait dû rendre facile une alliance avec la police civile, mais l'expérience prouva le contraire et les sentiments personnels du colonel Chousserie accentuèrent la dissidence. « Il a bien voulu avoir pour moi, dit Joly, beaucoup d'attentions, tant qu'il m'a vu appuyé de la présence et des hauts témoignages de M. le préfet de Nantes ; mais il a changé subitement à mon égard du moment de notre embarquement sur la corvette. J'ai peut-être eu le tort de lui donner à ce bord des avis de surveillance à exercer et auxquels il n'avait pas pensé. Enfin, tant est-il qu'à notre arrivée à la citadelle, il m'a séparé tout à fait de sa cause pour donner toute sa confiance à un lieutenant de gendarmerie nommé Déadé, à un adjudant de place de Nantes, attaché au colonel Simon-Laurière, nommé Petit-Pierre. Je plains mon successeur, dont je ne puis douter du dévouement, car depuis longtemps le colonel Chousserie me préparait un chagrin qui paraît lui être réservé. Le colonel me faisait souffler par ses affidés que la Duchesse devenait irascible et injuste, qu'elle montrait la plus grande répugnance et la plus grande horreur pour tout ce qui sentait la police ; qu'à ce sujet elle ne m'avait pas épargné et qu'en apprenant que j'étais désigné par Votre Excellence pour régulariser les dépenses de la maison, elle aurait ajouté : Sans doute qu'il ne viendra pas dans ma cuisine, affectant de craindre que je n'y introduise du poison. C'est là une fable inventée pour appuyer une combinaison perfide, car la Duchesse ne m'a jamais fait ressentir les effets d'aucune mauvaise impression ; elle m'a souvent répété que, tout en se plaignant de son sort, elle ne pouvait que m'estimer. »

Joly, mis en suspicion, laissé de côté et au second plan par Chousserie, sans doute en vertu de la répulsion traditionnelle qui éloigne les officiers des gens de la police, ne manque pas de lui rendre en dénonciations auprès du Ministre, ce que l'autre lui accordait si généreusement en dédain et en taquineries constantes.

Aussi met-il en lumière tous les détails qui peuvent colorer d'une façon défavorable la conduite du commandant supérieur de la citadelle. « Autre preuve de machiavélisme ! Il est décidé que mon successeur, à qui M. le commandant supérieur n'accorde sans doute pas autant de confiance qu'à moi, ne continuera pas à occuper le même poste et il a déjà désigné un logement hors de toute enceinte du corps de logis occupé par les prisonniers, où il se propose de l'installer. Ce sera encore l'adjudant Petit-Pierre, de Nantes, le compatriote de M^{lle} de Kersabieck, qui prendra ce poste de confiance.

Joly conclut en se plaignant des procédés du colonel qui cherche à établir et à assurer la prééminence de l'élément militaire sur la police du ministère de l'Intérieur et qui a surtout voulu se débarrasser en sa personne d'un contrôle gênant. « Certainement, dit-il, il ne manque rien à M. le commandant supérieur, en talent et en dévoûment, pour remplir son importante mission, mais puisque sa position exige qu'il livre ses clés, sa confiance doit les accompagner. Ce système de rapporter tout à lui ne réussira que tant qu'il n'y aura ni traîtres ni conspirateurs autour de lui. Quant à moi, ma position envers mon pays me justifie entièrement ; je n'ai d'autre ambition que de la conserver. J'ai fait non seulement le sacrifice de cette position, mais je me suis mis sciemment au-dessous de mes droits et des devoirs de ma place. J'ai seulement couvert ma responsabilité en prenant pour devise : *veille, veille, toujours, quand même*..... »

Enfin Joly, en terminant son rapport qui ne manque pas d'habileté, se défend d'user de représailles envers le colonel, comme il pourrait en avoir le droit ; il éprouve le regret de n'avoir pas été apprécié par lui, non pour la possession de sa considération personnelle, mais parce que c'est la première fois que son patriotisme et son désir de bien faire ne trouvent pas de concours. Et il termine par une pointe à l'adresse de Chousserie : « A ce moment, huit heures du soir, où je termine de tracer mes observations, je suis bien aise d'annoncer à Votre Excellence que cette Duchesse irascible, injuste et ne rêvant que le poison, chante et danse sur ma tête avec son chien, puis bâille et rit beaucoup.. »

Joly qui, dans ce rapport, n'est pas tendre pour le commandant supérieur, ne manque pas de lancer à son adresse la flèche du Parthe en faisant remarquer avec complaisance les avantages considérables que cet officier retirait du poste qu'il occupait à la citadelle de Blaye. « Outre son installation et celle de sa famille dans des appartements plus commodes et mieux meublés que ceux de la Duchesse, outre une table somptueusement servie, dit Joly, il touche vingt-quatre mille francs par an, sans compter son traitement de colonel de gendarmerie et l'indemnité extraordinaire de son grade, ce qui forme un cumul de trois traitements auxquels on peut faire l'application de cet axiome latin : *ter in idem.* » Le colonel Chousserie revenait certainement cher au trésor public et on aurait pu trouver un geôlier à meilleur marché. Mais il y a certaines fonctions qui ne peuvent se payer qu'avec beaucoup d'argent !

Le ministre répondit aux plaintes de Joly en lui envoyant d'autres instructions qui modifiaient complètement les premières et qui lui conféraient uniquement les fonctions de commissaire spécial de la ville et de l'arrondissement de Blaye (12 décembre 1832). Ses pouvoirs commençaient et finissaient au pied de la citadelle et il aurait dû vivre en bonne intelligence avec le colonel Chousserie. Cependant, il se plaint d'avoir eu à lutter contre son mauvais vouloir et ses insinuations perfides.

Voici les principaux passages de ces instructions qui concernent M. Dufresne, commissaire civil, aussi bien que le commissaire spécial Joly (1).

« Les deux commissaires établiront leurs chambres à coucher au rez-de-chaussée du bâtiment occupé par la Duchesse (n° 53 du plan de la citadelle). A cet effet, le commissaire spécial reprendra le logement indiqué sur le plan FFFG ; la chambre E sera occupée par le commissaire civil... L'un des deux commissaires couchera dans la chambre P avec l'officier de gendarmerie. Pendant le jour, un

---

(1) Ces passages sont rapportés par M. Imbert de Saint-Amand, *op. cit.* chap. XIII, p. 140.

agent de service sera placé avec l'officier de gendarmerie dans la pièce P. Le soir, la clé de la porte fermant intérieurement le corridor des appartements de M<sup>me</sup> la Duchesse de Berry sera remise par le commandant de place à celui des deux commissaires qui couchera au rez-de-chaussée. L'un des deux agents placés pendant le jour dans la pièce P ne devra jamais perdre de vue M<sup>me</sup> la Duchesse de Berry lorsqu'elle descendra dans son jardin.

« On n'admettra dans l'enceinte palissadée que le colonel chargé en chef du gouvernement de la citadelle de Blaye, le commandant de la place, les officiers de gendarmerie de service auprès des prisonniers, les troupes gardant les portes extérieures, les commissaires civils, leurs agents et les domestiques chargés du service de la maison. Les domestiques attachés au service des prisonniers ne pourront sortir de la citadelle. Le commissaire spécial et le commissaire civil devront avoir connaissance de toutes les consignes données aux postes intérieurs de l'enceinte, ainsi que du mot d'ordre et de celui de ralliement. Il serait bon que, chaque jour, le cuisinier remît note des vivres dont il aurait besoin au commissaire chargé de la dépense. Les pourvoyeurs préposés à cet effet remettront, en présence d'un agent, les provisions qu'ils se seront procurées au dehors. En tout et pour tout, lorsqu'il s'agit de communications avec l'intérieur, le contrôle le plus sévère est indispensable. »

Ces instructions si sévères paraissent s'inspirer des observations contenues dans le rapport de Joly et M. Thiers semble avoir voulu parer aux défectuosités du service que celui-ci lui signalait. Il dut même ajouter une confiance à peu près complète aux récriminations du commissaire spécial à l'encontre du commandant militaire de la citadelle, car il adressait, le 21 décembre 1832, à cet officier une lettre qui arriva à Blaye le même jour que Joly. Cette lettre, écrite de la main même de M. Thiers, montre que celui-ci était jaloux de défendre sa police, celle du ministère de l'Intérieur, contre les empiètements du pouvoir militaire.

« Monsieur le colonel, lui écrit-il, je vous tromperais si je vous disais que je suis complètement satisfait de la manière dont vous vous prêtez aux arrangements que j'avais projetés. Je vous ai montré assez de bienveillance pour que vous ne doutassiez pas du motif qui me fait accumuler tant de précautions. Au surplus, comme je ne veux pas être servi par des mécontents, je cède à vos désirs. J'ordonne à Joly de s'établir à Blaye, en dehors de la citadelle, pour y faire la police de l'arrondissement. Dufresne restera seul au dedans et continuera d'exercer les fonctions qui lui ont été confiées. Je vous prie d'avoir pour lui tous les égards dus à un honnête homme, qui, pour n'être pas militaire, n'en est pas moins plein d'honneur et digne de toute confiance. Je l'avais blâmé de son désir d'être présenté à M^me la Duchesse de Berry, car mes agents sont chargés de la garder, de la respecter et nullement de lui plaire et de se faire agréer par elle. Mais depuis que j'ai appris que c'était pour la connaître et avoir l'occasion d'entrer chaque jour chez elle, s'assurer que tout est en ordre, je l'approuve et je vous engage à le satisfaire. Je tiens expressément à ce que la fenêtre de l'officier de gendarmerie qui est de garde jour et nuit, entre la porte du corridor et la porte extérieure du bâtiment, je tiens à ce que cette fenêtre soit grillée...

« Au surplus, je n'ai pas moins de confiance et d'estime pour M. le colonel Chousserie, bien que je me plaigne de lui à lui-même. Je remets toujours avec la même sécurité l'honneur du gouvernement dans ses mains.

« Agréez, colonel, l'assurance de ma haute considération. »

C'est à ce moment que se termine le manuscrit de Joly. Chargé de la police politique de l'arrondissement de Blaye, il ne pouvait plus avoir de rapports avec l'illustre prisonnière qui était renfermée dans la citadelle, et les mémoires qu'il adressait au ministère de l'Intérieur n'ont plus d'intérêt pour nous. Nous allons nous arrêter nous-même, car nous n'avons pas entrepris d'écrire l'histoire de la captivité de la duchesse de Berry. Possesseur d'un document authentique et inédit sur son arrestation, nous avons désiré le publier afin de préciser certains points qui étaient restés obscurs et de dissiper certaines erreurs (1) qu'on rencontre dans les ouvrages où est racontée l'arrestation de la Duchesse. Nous n'avons eu qu'une seule ambition, celle d'éclairer un point important d'histoire contemporaine. Grâce aux rapports officiels du commissaire de police Joly, nous pensons être arrivé à ce résultat.

*Autun, son 1 octobre 1898.*

---

(1) C'est ainsi que dans le *Dictionnaire Larousse*, v° Deutz, on lit que le traître reçut 500.000 francs au sortir de son entrevue avec M. Thiers, qu'il partit pour Nantes accompagné de *deux* commissaires, qu'il avait été nommé baron par la Duchesse avant de se rendre à Paris pour là livrer au gouvernement, que le 6 novembre, il eut une entrevue avec elle dans la maison des demoiselles *Daubigny*, etc. Autant d'erreurs et d'inexactitudes qu'il était bon de rectifier.

Saint-Etienne, Société de l'imp. Théolier — J. Thomas & Cⁱᵉ

226